0社交距離說話高手

實戰手冊

目錄

Chapter 1 善用同理心，成功結交陌生人

Chapter 2
洞悉心理，贏得好感與支持

目錄

Chapter 3 揣摩心理，與他人有效溝通

Chapter 4 抓住對方心理，讓他樂意聽你的

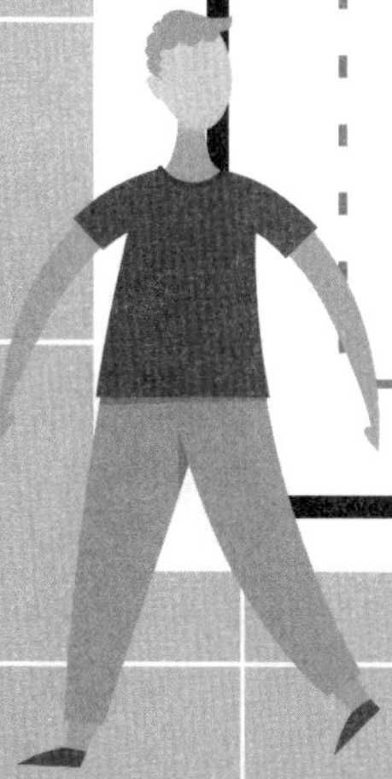

目錄

Chapter 5 制人攻心，讓他人為我所用

Chapter 6

以心交心，有效化解他人的敵意

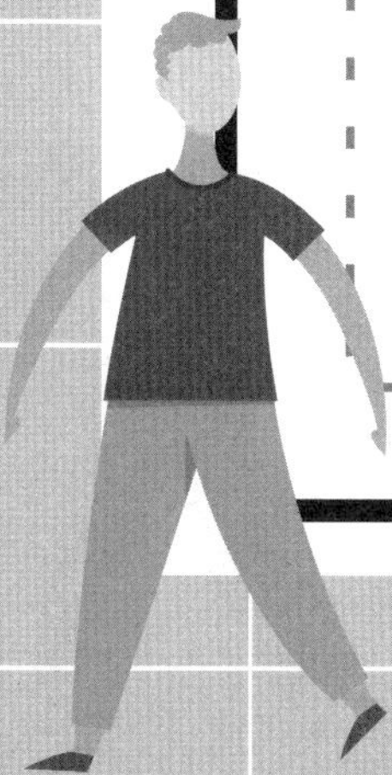

目錄

Chapter 7 巧妙迎合，拉近彼此距離

Chapter 1

善用同理心，成功結交陌生人

01 第一次見面就留下好印象

心理學中有一個詞叫「首因效應」，首因效應強調的是第一印象的重要性，對於每一個人，無論別人對他的第一印象是正確的還是錯誤的，大部分人都依賴於第一印象的資訊，而這個第一印象的形成對於日後的決定起著非常大的作用。它比第二次、第三次的印象和日後的瞭解更重要。

第一印象的好與壞，幾乎可以決定人們是否能夠繼續往來。人的第一印象一旦形成，就很難改變，如果第一印象不好，也許接下來的事情就可能失敗。它是一把在首次相見中能夠打開機遇大門的鑰匙。

英國倫敦大學學院一位系主任在談到一位講師時說：「從她一進門，我就感到她是我所渴望的人。她身上散發著某種精神，被她那莊重的外表襯托得越發迷人。因為只有一個有高度素養、可信、正直、勤奮的人才有這樣的光芒。三十分鐘之後，我就要她第二天來系裡報到。她也沒有讓我失望，至今她真的是最優秀的講師。」這個激烈角逐的位置，就這樣因為良好的第一印象而落到了這位女講師的手中。

儘管人們理直氣壯地告訴別人，不要僅憑一個人的外表妄下結論。但事實上是，全世界的人都在這麼做。美國勃依斯公司前總裁海羅德說：「大部分人沒有時間去瞭解你，所以他們對你的第一印象是非常重要的。如果你給人的第一印象好，你才有可能開始第二步，如果你留下一個不良的第一印象，很多情況下，我們會相信第一印象基本上準確無誤。對於尋求商機的人，一個糟糕的第一印象，就失去潛在的合作機會，這種案例數不勝數。你必須花費更多的時間才能夠抹去糟糕的第一印象。」

可見，第一印象對於人們來說有著太大的作用，但常常被人們忽視。如果你不想失去任何成功的機會，如果你想在人際交往中如魚得水，那麼請別忘記要努力給別人留下良好的第一印象。

02 尋找共同話題，成為「同道中人」

俗話說「巧婦難為無米之炊」，沒有話題，談話就沒有焦點。陌生人見面，如果盡是客套寒暄，沒有實際意思，那陌生人終究還是陌生人，陌生的局面終究還是化不開。因此就要尋找共同話題，從相似的經歷出發，迅速和對方成為「同道中人」。

事前規劃，可事半功倍。與陌生人交往之前，要儘量對對方的職業、性格、興趣等有一個比較全面的瞭解，這樣，在交往過程中你就能做到有的放矢。

清末，在大太監李蓮英的保薦下，盛宣懷受到權勢顯赫的醇親王的接見，詳細彙報有關電報的事宜。盛宣懷以前沒有見過醇親王，但與醇親王的門客張師爺過從甚密，從他那裡瞭解到了醇親王兩個方面的情況：

第一，醇親王不認為中國人比洋人差，自己的一套才是最好的。

第二，醇親王雖然好武，但自認為書讀得不少，頗具文人風範。

盛宣懷瞭解到這些情況後，就抄了些醇親王的詩稿，背熟了好幾首，以備不時之需。「文如其人」這句話一點都沒錯，盛宣懷還從醇親王的詩中悟出了些醇親王的心思。

謁見之時，當他們談到電報這一名詞的時候，醇親王問：「那電報到底是怎麼回事？」

「回王爺的話，電報本身並沒有什麼了不起，就是一個活用，所謂『運用之妙，存乎一心』，如此而已。」

醇親王聽他能引用岳武穆的話，不免有所歡喜，隨即問道：「你也讀兵書？」

「在王爺面前，怎麼敢說讀過兵書？不過英法內犯，皇帝大臣人人憂國憂民，那時如果不是王爺神武，力擒三凶，大局真不堪設想了。」

盛宣懷略停了一下又說：「那時有血氣的人，誰不想洗雪國恥，宣懷也就是在那時候，自不量力，看過一、兩部兵書。」

盛宣懷真是三句話不離醇親王的「本行」，他接著又把電報的作用描繪得神乎其神，醇親王也覺得飄飄然，覺得中國非辦電報不可。後來，醇親王乾脆把督辦電報業的事託付給盛宣懷。

從上面這個例子我們明白，當你要特意去結識一位陌生人時，一定要多加準備，將其當成你人生中的一個重要經歷。

你可以透過多種管道事先瞭解對方的背景、經歷、性格、喜惡，在將對方基本情況瞭若指掌的前提下，還要設想有可能出現的變故，做好以不變應萬變的心理準備。求同存異，在交往中要盡力尋找雙方在興趣喜好等方面的共同點，以加深彼此交流。

「酒逢知己千杯少」，兩個意氣相投的人碰到一起，往往能產生相見恨晚的感覺，雙方日後的交往也會變得如魚得水。兩個人剛見面認識時，不知道對方的性格、愛好、品性如何，往往用陷入難熬的沉默與尷尬之中。這時，我們應當主動地在語言上與對方磨合，找到彼此的共同點或者相似的經歷，例如在同一個城市生活、工作過，有相同的興趣愛好，從事相似的職業等等。

如果彼此完全陌生尚未相識，那就要察言觀色，以話試探，尋求共同點，抓住了共同點就抓住了可談的話題。如果對方有什麼顧慮，或是沉默的原因不明，那就沒話找話說，隨便找個話題，引起對方的興趣，說個笑話，談點趣聞都可以活躍氣氛。

總之，在和陌生人交往時，不妨多多尋求彼此在興趣、性格、閱歷等方面的共同之處，使雙方在越談越投機的過程中獲得更多關於對方的資訊，迅速拉近距離，增進感情。

03 親近的稱呼，能縮短彼此的心理距離

在和陌生人接觸時，一個比較關鍵的細節就是該如何稱呼對方。稱呼得好，就可以迅速拉近彼此之間的心理距離，使雙方很快建立友好關係；稱呼得不到位，雙方還是會形同陌路，關係難以發展，生意也就比較難做了。對於一些比較大眾化的稱呼來說，一般也不要使用，這會使對方感覺你和別人完全一樣，沒什麼特別的，你們之間的關係也是一般而已。所以你應該使用一些比較特別的、讓別人感覺親近的稱呼，來迅速改變你們的關係。

在平常生活中，你可能聽到這樣的話，也可能對別人說這樣的話：不用稱我老師，叫我名字就行了。聽了這話或說了這話，你或他（她）便感覺彼此的關係進了一步。在愛情片中，我們常常看到男女主角這樣的對白：不要叫我X，叫我阿X吧。看到這，你就知道，兩人的關係發生了變化，至少某一方希望另一方認為兩人的關係發生了變化。為什麼會這樣呢？因為彼此的稱呼與彼

此的心理距離有關。也就是說，兩個人稱呼的改變，通常意味著兩個人心理距離的變化。眾所周知，對初次見面的人，一般會以對方的姓加上頭銜，如王經理、陳大夫、李老師等，而不直接以名字相稱。只有在時間長了，相處久了，熟悉了，才會直呼其名。也就是說，以名字相稱是建立在兩個人相對親密的關係上的。當兩個人心理上的距離愈來愈靠近時，他們的稱呼法也會從姓加頭銜，然後到名，再到暱稱。

我們也常常看到，某個人與另一個人雖然見面不久，關係不算是親密，但他也以名字或暱稱來稱呼對方。這意味著什麼？意味著他希望儘快拉近與對方的關係。這也是政治家們將對手「化敵為友」的慣用手法。面對一個從未謀面的人，他們也能夠用一種非常自然非常親切的口吻喊出對方的名字。例如，美國的總統雷根和日本的前首相中曾根康弘在初次會面時，對中曾根康弘，雷根總統直呼其名，叫他「康弘」；對雷根總統，中曾根康弘也同樣直呼其名。其實，日本人並沒有直呼其名的習慣，中曾根康弘之所以違背自己的民族習慣，無非是想強調兩國的友好，希望會談能在親密友好的氣氛中進行。

這種透過改變稱呼來拉近彼此心理距離的方法，在銷售行業也廣為利用。

有一個業務推銷員，一次要去拜訪一位房地產公司的老總。房地產公司有位櫃檯小姐叫曉慧。作為接待小姐，曉慧每天都要接觸到不少的訪客，但她可以清楚地區分哪些人親切或哪些人不親切。所以推銷員要想見到老總，必須先過了她這一關。

第一次拜訪時，推銷員以銳利的眼神專注地看著她胸前的名牌標誌，然後神采奕奕地和她打招呼：「鐘小姐，我是李總的朋友，我有很重要的私人事情要和他談。」「對不起，今天李總吩咐不見客。」鐘曉慧一點都不給他面子。過了三天，這個推銷員又來了。他這次改變了風格，在彼此熟悉之後，他說道：「呀，妳改變髮型了，很適合妳的風格嘛，以後就叫妳『曉慧』好了。曉慧，我今天有重要的事情得跟李總談，懇請轉告一聲。」說完後熱切地看著曉慧。而曉慧這次則變得非常爽快，立刻帶他去見李總。

一般而言，「鐘小姐」是比較正式的稱呼，如果總是運用這樣的稱呼，給對方的感覺是你始終和她保持著一段距離，她自然就要和你也保持距離了。但是，直接稱呼對方的名字，是關係很好的朋友之間才用的，推銷員很自然地改變稱呼，便會迅速拉近彼此之間的距離，加深雙方之間的感情。可見，如果總是局限於陌生人的禮儀，你是根本無法再進一步加強兩個人感情的。要想與陌生人迅速建立關係，或者改變你與朋友、顧客、客戶之間的關係，就要改變你對他們的稱呼，用一些親切的稱呼來拉近彼此的距離。

當然，就一般的生意場合而言，如何改變稱呼還是要看具體情況，並不是越早改變稱呼就越好，也不是一上來就直接稱呼對方名字就好，你應該根據雙方關係的進展情況來隨機應變。有時你必須讓出一段時間讓對方慢慢習慣，不要太過急躁，否則會顯得輕浮。在改變稱呼時要不留痕跡，盡顯自然。例如胡雪岩在初次拜見稽鶴齡時，先是稱對方為「稽大哥」，然後稱「老兄」，最後又改為「鶴齡兄」，在不露聲色中就將彼此的關係加深，並且不著一絲痕跡，這種高超的交際手腕和生意手段著實令神鬼感歎。

在生活中，這種交際方法也常為我們所用。比如，遇到一個難以接近的朋友，你試圖接近他（她），不妨直呼其名或者請他（她）直接叫你的名字。面對你的同事，你希望與他（她）走得更近，不妨偶爾稱呼他（她）的暱稱或讓他（她）稱呼你的暱稱。當然，你要表現得盡可能的自然，不要讓對方感覺你是在裝腔作勢。如果真能那樣你們的距離就能因此而拉近，事情便很容易解決。

04 讓別人開心一笑，對方更樂意向你靠近

幽默的力量體現在溝通上，就像我們打開電燈開關，電力便沿著電線輸送到機器上一樣，只要按下幽默的按鈕，也能促使一股特別的力量源源而來。我們可以把這股幽默的力量導向他人，並與他人直接溝通，使我們和他人相處不至於太過緊張。

在人際交往中，幽默的人總是受人歡迎，因為他能夠給大家帶來無盡的快樂，幽默的人在結識陌生人方面往往比較成功，因為人們很難討厭能讓他們笑起來的人。在於陌生人相處時，幽默的言語能夠巧妙地化解尷尬，讓別人開心一笑，自然而然地就拉近了彼此的距離。

為了豐富學生的課餘生活，某大學專門邀請一位著名教授舉辦了一個講座，但由於臨時改變地點，時間倉促，又來不及通知，結果到場的人很少。等教授到了會場才發現只有十幾個人參加。

教授有點尷尬，但不講又不行，於是隨機應變，說：「會議的成功不在人多人少，今天到會的都是精英，我因此更要把課講好。」這句話把大家逗得開懷大笑。這一笑，活躍了氣氛，再加上教授講課充滿熱情，使得那一場講座非常成功。

當然，在幽默的同時還應注意，重大的原則總是不能馬虎，不同問題要不同對待，在處理問題時要極具靈活性，做到幽默而不落俗套，不失體面地博得他人一笑，這樣才能有效拉近與他人的關係。

05 微笑是兩個人之間最短的距離

在人際交往中，真誠的微笑可以拉近人與人之間的距離。尤其是初次見面時，人通常會有一種不安的感覺，存有戒心。而微笑是人際關係的潤滑劑，可以消除這種初次見面的心理狀態，讓人與人之間的溝通變得更容易。

有人做了一個有趣的實驗，以證明微笑的魅力。他讓兩個人分別戴上一模一樣的面具，上面沒有任何表情。然後，他問觀眾最喜歡哪一個人，答案幾乎一樣：一個也不喜歡，因為那兩個面具都沒有表情，他們不想選擇。

然後，他要求兩個模特兒把面具拿開，現在舞臺上有兩個不同的個性，兩張不同的臉。他要其中一個人把手盤在胸前，愁眉不展並且一句話也不說，另一個人則面帶微笑。

他再問每一位觀眾：「現在，你們對哪一個人最有興趣？」答案異口同聲：「當然是那個面帶微笑的人。」

任何一個人都希望自己能給別人留下深刻的印象，贏得別人的好感，而微笑就是最得力的武器。試想，當你遇到一位陌生人正對著你笑時，你是否感覺到有一種無形的力量在推著你跟他認識。相反，如果你看到的是一張「苦瓜臉」、「臭臉」，你還會有好心情嗎？你是不是只能對這種人避而遠之呢。

1. 微笑可以以柔克剛

法國作家阿諾．葛拉索說：「笑是沒有副作用的鎮靜劑。」辦事時，可能遇到的人有脾氣暴躁者，有吹毛求疵者，有出言不遜、咄咄逼人者，也有與你存有隔閡芥蒂的人，對付這些「難對付之人」，含蓄的微笑往往比口若懸河更令人信得過。

面對別人的胡攪蠻纏、粗暴無禮，只要你微笑冷靜，你就能穩控局面，用微笑放鬆對方的怒意，以微笑化解對方的攻勢，進而以靜制動，以柔克剛，擺脫窘境。

2. 微笑是緩和氣氛的「輕鬆劑」

當客人來訪或是你走入一個陌生的環境，由於感到陌生或羞澀，往往會端坐不語或拘謹不安。此時，你若微笑，就能使緊張的神經鬆弛，消除彼此間的戒備心理和壓抑感，相互產生良好的信任感與和諧感。記住：要使他人微笑，你自己必須先微笑。

3.微笑是吸引他人的「磁鐵」

社交中，人們總是喜歡和個性開朗、面帶微笑的人物交往，而對那些個性孤僻、表情冷漠之人，則總是敬而遠之。一個優秀的電視節目主持人、公關小姐、售貨員、政工幹部，他們深受人喜歡的奧祕，就是他們具有動人的微笑。

安斯是底特律地區最受歡迎的節目主持人之一，他的受歡迎並不僅僅在底特律而是在全國上下。有的聽眾寫信給這位聲音裡帶著微笑的主持人，說他們已經聽到了他的聲音及他主持的節目，並且告訴安斯說，他們透過他的聲音看到了他的微笑。

安斯經常「戴上一張快樂的臉」去工作，並不是暫時，而是經常。他把微笑加進他的聲音，配合上帝賦予他的演說水準，使觀眾如沐春風。安斯說：「當你微笑的時候，別人會更喜歡你，而且微笑會使你自己也感到快樂。它不會花掉你的任何東西，卻可以讓你賺到任何股票都付不出的紅利。」

06 把握住開始攀談的第一個五分鐘

人們第一次相遇，需要多少時間決定他們能否成為朋友？美國朱尼博士在所著的一本書中說：「交際的點，就在於他們相互接觸的第一個五分鐘。」朱尼博士認為，人們接觸的第一個五分鐘主要是交談。在交談中，你要對所接觸的對象談的任何事都感興趣。無論他從事什麼職業，講什麼語言，以什麼樣的方式，對他說的話都要耐心傾聽。如果你這樣做了，你會覺得整個世界充滿無比的情趣，你將交到無數的朋友。

而許多人跟陌生人說話都會感到拘謹。建議你先考慮一個問題，為什麼你跟老朋友談話不會感到困難？很簡單，因為你們相當熟悉。相互瞭解的人在一起，就會感到自然協調。而對陌生人卻一無所知，特別是進入了充滿陌生人的環境，有些人甚至懷有不自在和恐懼的心理。你要設法把陌生人變成老朋友，首先要在心目中建立一種樂於與人交朋友的願望，心裡有這種要求，才能有行動。

以到一個陌生人家去拜訪為例：如果有條件，首先應當對要拜訪的客人作些瞭解，探知對方一些情況，關於他的職業、興趣、性格之類。當你走進陌生人住所時，你可憑藉你的觀察力，看看牆上掛的是什麼？國畫、攝影作品、樂器……都可以推斷主人的興趣所在，甚至室內某些物品會牽引起一段故事。如果你把它當做一個線索，就可以由淺入深地瞭解主人心靈的某個側面。當你抓到一些線索後，就不難找到開場白。

如果你不是要見一個陌生人，而是參加一個充滿陌生人的聚會，觀察也是必不可少的。你不妨先坐在一旁，耳聽眼看，根據瞭解的情況，決定你可以接近的對象，一旦選定，不妨走上前去向他作自我介紹，特別對那些跟你一樣，在聚會中沒有熟人的陌生者，你的主動行為是會受到歡迎的。

應當注意的是，有些人你雖然不喜歡，但必須學會與他們談話。當然，人都有以自我興趣為中心的習慣，如果你對自己不感興趣的人不瞥一眼，一句話都不說，恐怕也不是件好事。別人會認為你很驕傲，甚至有些人會把這種冷落當做侮辱，進而產生隔閡。

和自己不喜歡的人談話時，第一要有禮貌；第二不要談論有關雙方私人的事，這是為了使雙方自然地保持適當的距離，一旦你願意和他結交，就要一步一步設法縮小這種距離，使雙方容易接近。

在你決定和某個陌生人談話時，不妨先介紹自己，給對方一個接近的線索，你不一定要先介紹自己的姓名，因為這樣人家可能會感到唐突。不妨先說說自己的工作單位，也可問問對方的工作單位。一般情況，你先說說自己的情況，人家也會相應告訴你他的有關情況。

接著，你可以問一些有關他本人的而又不屬於祕密的問題。對方有一定年紀的，你可以向他問子女在哪裡讀書，也可以問問對方單位一般的業務情況。對方談了之後，你也應該順便談談自己的相應情況，才能達到交流的目的。

和陌生人談話，要比對老朋友更加留心對方的談話，因為你對他所知有限，更應當重視已經得到的任何線索。此外，他的聲調、眼神和回答問題的方式，都可以揣摩一下，以決定下一步是否能縱深發展。

有人認為見面談談天氣是無聊的事。其實，這要具體問題具體分析。如果一個人說：「這幾天的雨下得真好，否則田裡的稻苗就乾死了。」而另一個則說：「這幾天的雨下得真糟，我們的旅行計畫全給泡湯了。」你不是也可以從這兩句話中分析兩人的興趣、性格嗎？退一步說，光是敷衍性的話，在熟人中意義不大，但對與陌生人的交往還是有作用的。

如遇到那種比你更羞怯的人，你更應該跟他先談些無關緊要的事，讓他心情放鬆，以激起他談話的興趣。和陌生人談話的開場白結束之後，特別要注意話題的選擇。那些容易引起爭論的話題，要儘量避免，為此當你選擇某種話題時，要特別留心對方的眼神和小動作，一發現對方厭倦、冷淡的情緒時，應立即轉換話題。

在與人聚會時，常常會碰到請教姓名的事，「請問尊姓大名」。你要牢牢記住對方的姓名，對方說出姓名之後，你應立即用這個名字來稱呼他，當你碰到一個可能已經忘記了的人，你可以表示抱歉，「對不起，不知怎麼稱呼您？」也可以說半句「您是——」，「我們好像——」，意思是想請對方主動補充回答，如果對方老練他會自然地接下去。

順利地與陌生人開始攀談，給人一個好印象，累積人脈資源為你所用。學會和陌生人攀談，誰都可能成為你的朋友。

07 接觸多一點，自能陌生變熟悉

美國心理學家紮瓊克曾經進行了交往次數與人際吸引的實驗研究。他將被試不認識的十二張照片，按機率分為六組，每組兩張，按以下方式展示給被試：第一組兩張只看一次，第二組兩張看兩次，第三組兩張看五次，第四組兩張看十次，第五組兩張看二十五次，第六組兩張被試從未看過。

在被試看畢全部照片後，另加從未看過的第六組照片，要求所有被試按自己喜歡的程度將照片排序。結果發現一種極明顯的現象：照片被看的次數越多，被選擇排在最前面的機會也越多。

這也就是所謂的「曝光效應」，人與人之間，往來的頻率越高，刺激對方的機會越多，「重複呈現」的次數越多，越容易形成密切的關係。兩個人從不相識到相識再到關係密切，交往的頻率往往是一個重要的條件。沒有一定的交往，如果像俗話所說的「雞犬之聲相聞，老死不相往來」那樣，則情感、友誼就無法建立。簡單的呈現確實會增加吸引力，彼此接近、常常見面的確是建立良好人際關係的必要條件。如果你想結交某人，就要多和對方接觸，縮短和對方之間的空間距離和心靈距離，進而拉近彼此的關係。

黎雪和幾個好友合夥經營一家廣告公司，她打聽到國內一家知名企業打算為新產品做廣告宣傳，就努力爭取這筆生意。但他們公司是家新公司，在業內沒有什麼名氣，被拒絕了。

黎雪十分氣餒，好友為了安慰她，特意邀請她前去自己的新居吃飯。到了樓下，她進了電梯，正要關電梯時，一個人急匆匆地趕了過來。黎雪不經意地看了那人一眼，暗暗驚喜。原來這人正是那家知名企業的宣傳部主管，要是能和他拉攏關係，還是有望贏得這次機會的。更巧的是，這位主管居然和好友住對門，黎雪不由心生一計，主動和那位主管搭訕：「你好，我是住在你家對門的黎雪，還請多多指教。」

隨後，黎雪暫時住在了好友家裡，經常製造在電梯偶遇的機會。眼看時機成熟，黎雪選在某次那位主管單獨進電梯時，刻意抱了一大堆的資料，急匆匆地跑進電梯。一不小心，資料灑了一地，這都是黎雪公司精心製作的一些廣告作品文本冊。主管幫忙撿拾起來，並對這些廣告作品十分感興趣，打聽是哪家廣告公司的作品。黎雪一臉謙虛：「這是我們公司的作品，做得不好，還請多多指教。」不久，黎雪公司的廣告策劃案被那位主管推薦給公司，並最終被選中了。

黎雪正是懂得利用鄰近心理，多次製造偶遇，增加和那位主管的接觸，才能借機毛遂自薦，贏得那筆生意。在人際交往中，要得到別人的喜歡，就得讓別人熟悉你，而熟識程度是與交往次數直接相關的。交往次數越多，心理上的距離越近，越容易產生共同的經驗，取得彼此瞭解和建立友誼，由此形成良好的人際關係。例如，教師和學生、老闆和祕書等，由於工作的需要，交往的次數多，所以較容易建立親近的人際關係。

要想贏得別人的好感和信任，就得讓別人注意到你，在彼此頻繁的接觸中由陌生變熟識。一般來說，接觸次數越多，心理上的距離越近，越容易建立友誼，贏得好人緣也指日可待。

08 用細微的動作拉近與陌生人的距離

每個人對自己身體周圍，都會有一種勢力範圍的感覺，而這種靠近身體的勢力範圍內，通常只能允許親近之人接近。如果一個人允許別人進入他的身體四周，就會有種已經承認和對方有親近關係的錯覺，這一原理對任何人來說都是相同的。

例如，我們在百貨公司買襯衫或領帶時，女店員總是會說：「我替你量一下尺寸吧！」這是因為對方要替你量尺寸時，她的身體勢必會接近過來，有時還接近到只有情侶之間才可能的極近距離，使得被接近者的心中湧起一種興奮感。

再如，本來一對陌生的男女，只要能把手放在對方的肩膀上，心理的距離就會一下子縮短，有時瞬間就成為情侶的關係。推銷員就常用這種方法，他們經常一邊談話，一邊很自然地移動位置，跟顧客離得很近。

因此，與陌生人相處時，必須在縮短距離上下工夫，力求在短時間內瞭解得多些，縮短彼此的距離，力求在感情上融洽起來。只要你想及早造成親密關係，就應製造出自然接近對方身體的機會。

有一場籃球比賽，一位教練要訓斥一名犯了錯的球員。他首先把球員叫到跟前，緊盯著他的眼，要這位年輕小夥子注意一些問題，訓完之後，教練輕輕拍了拍球員的肩膀和屁股，把他送回到球場上。

教練這番舉動，從心理學的觀點來看，確實是深諳人心的高招：

第一，將選手叫到跟前。把對方擺在近距離前，兩人之間的個人空間縮小，相對地增加對方的緊張感與壓力。

第二，緊盯著對方的兩眼。有研究顯示，對孩子說故事時緊盯著他的眼，過後孩子能把故事牢牢記住。教練盯著球員的眼睛，要他注意，用意不外乎是使對方集中精神傾聽訓斥。否則球員眼神閃爍、心不在焉，很可能會把教練的訓示全當成耳邊風，毫不管用。

第三，輕拍球員身體，將其送回球場。實驗顯示，安排完全不相識的人碰面，見面時握了手和未曾握手，給人的感受大大不相同。握手的人給對方留下隨和、誠懇、實在、值得信賴等良好印象，而且約有半數表示希望再見到這個人。另一方面，對於只是見面而沒有肢體接觸的人，則給人冷漠、專橫、不誠實的負面評價。

正確接觸對方身體的某些部位，是傳達自己感情最貼切的溝通方式。如果教練只是責罵犯錯的球員，會給對方留下「教練冷酷無情」的不快情緒。但是一經肢體接觸之後，情形便可能大大改觀，球員也許變得很能體諒教練的心情：「教練雖然嚴厲，但終究是出於對我的一番好意！」

現實中有許多一見如故的美談，許多朋友，都是由「生」變「故」和由遠變近的，願大家都多結善緣，廣交朋友。善交朋友的人，會覺得四海之內皆朋友，面對任何人，都沒有陌生感。

09 妙用「地形」心理學，讓對方喜歡你

在軍事上，領地和地形有著十分重要的意義。與陌生人打交道時，不同的「地形」也影響著雙方談話的舒適度和好感程度，想要迅速贏得陌生人的信任和好感，就需要巧妙地運用「地形」心理學。

美國心理學家穆勒爾和他的助手做過一次有趣的試驗，證明許多人在自己的會客廳裡談話，比在別人的客廳裡更能說服對方。這就表明，人們在自己熟悉的地方與人交往容易無拘無束，可以靈活主動地展現或推銷自己，有利於社交的成功。

因此，倘若在別人熟悉而自己不熟悉的地方交往，則容易引起莫名其妙的不安和恐懼，難以灑脫自如，自然處於劣勢。這就是為什麼在比較開放的今天，經人介紹的對象初次見面時，絕大多數人仍願意在自己的「領地」內進行，而不願在對方「地盤」內進行的原因所在。

不過，值得說明的是，在自己的領地內，固然容易充分發揮自己的交往潛能，但也時常伴有少了約束的弊端，使自己的缺點外露。而在別人的地盤內進行，雖然受到的約束較多，然而卻可用心專一，利於深層次、多方位地觀察和瞭解對方。

此外，在與人相處時，雙方的位置很重要，它直接或間接地決定你的影響力如何。具體說來，地形心理學有以下一些要點：

第一，對初次見面的對方，採取立於旁邊的位置，較能迅速建立親近感。初次見面，和人面對面地談話，是一件不好受的事。因為兩人之間的視線極易相遇，導致兩人之間的緊張感增加。而坐在旁邊的位置，則不必一直注意對方的視線，因而容易輕鬆下來。另外，在室內放一盆花，使對方有轉移視線的物件，效果會更好。

第二，相距五十公分能給對方留下好印象。要使對方對你產生好感，與談話者就應保持理想的距離。談話的距離較近，能製造一種融洽的氣氛，消除緊張情緒。最合適的距離就是一方伸出手可以夠到另一手，即五十公分左右。如果你想在社交中儘快打開局面，適應環境，那麼，每次與人打招呼或談話的時候，要注意盡可能地把距離拉近一些。當然，拉近距離並不是親密無間，特別是在與上級或女性打交道時，不能冒昧莽撞，不然會引起對方反感，以為你沒有規矩或心術不正，反而弄巧成拙。

第三，黑暗有助於人們交往。在光線暗的地方，人們比較容易親近。心理學的實驗也表明，黑暗是人們親密起來的保護傘。人們聚在黑暗中，因減少了戒備而增加了親近感，便於雙方溝通。同時，在黑暗中，對方難以看清自己的表情，也容易產生一種安全感。這樣，彼此間的對立情緒就會大大少於光線明亮的場所。當你想與他人建立一種親密關係的時候，就應儘量請他們到酒吧、俱樂部、咖啡廳等地方去。

第四，坐椅子時，淺坐的姿勢會令人產生好感。交談時，如果對方深深地坐在沙發或椅子上，甚至上半身靠在椅子上，那麼說明他根本沒有專心聽講，缺乏誠意。相反，如果淺坐在椅子前端的三分之一處，就會使人產生好感。因為這種姿勢可使上半身自然地向前傾，因而成為最佳的聽話姿勢。此外，像這種隨時可由椅子上起立的姿勢，還會給對方積極活潑的印象。

10 善於「攀親拉故」，讓彼此不再陌生

親者，近也；故者，舊也。親與故，往往給人一種美好的回憶和情緒體驗。心理學家認為，一個人對同一事物在不同地點很可能產生不同的情感，而環境影響往往是制約情感和情緒的重要因素。攀親拉故，正是在不同環境裡選擇了相同的「親」「故」之景，自然也就縮短了你對別人的心理距離，這也是與陌生人拉近關係的技巧之一。

志明的妻子身患重病，急需大量醫藥費。志明四處籌措，還差一半。最後在實在走投無路的情況下，他到了城裡，希望找幾個老鄉想想辦法。

聽說有一個老鄉做生意發了財，志明滿懷希望地前去借錢，卻不料這位老鄉吝嗇異常，一個子兒也不給就把志明趕了出來。

志明遇到這種屈辱，叫他如何吞得下。不過，冷靜之後，他想出了一計去見這位老鄉。志明找來族譜，經過認真查找，他發現自己比這位老鄉高了一輩，

嚴格上來說，這位老鄉應叫志明「表叔」，儘管志明年齡只有三十一歲，而那位老鄉年齡卻有五十八歲了。

最後，在族譜的面前，這位老鄉再也不敢如此囂張了，在自己的長輩面前，他只有遵循幾千年來的「禮」，而志明這時說什麼話都響多了，最後終於借到了為妻子治病的錢。

志明正是利用了血緣關係和長輩地位，讓原本吝嗇的老鄉轉變了態度，成功籌到了治病的錢。攀親拉故，可使陌生變得熟悉，疏遠變得親近，冷淡變得親熱，拒絕變成悅納，阻撓變支持。善於攀親拉故，就容易與人產生共鳴，容易找到共同語言，也更容易得到幫助，在與陌生人打交道時也要學會運用這種簡單易行的方法。

11 精彩地說出自己的名字

在向陌生人做自我介紹時，首先要做的就是自報姓名，但許多人因為羞怯或者其他原因在這方面做得不太好，在介紹時只是簡單地報出自己的姓名：「我叫陳某某。」自以為介紹已經完成，然而這樣的介紹肯定算不上有技巧，也許只過了三、五分鐘，別人已經把你的姓名忘得一乾二淨，這樣也就無法給別人留下深刻的印象。

中國人對於取名非常重視，有的名字賦予時代特色、有的名字寄寓雙親對子女的殷切厚望，有的名字包含了父母雙方的姓或名……總之，每個人的名字總是包含著一定的含義，在自我介紹時，如果能夠對自己的名字做一番闡釋，能夠令人對你印象深刻，具體可以參考一下幾種方法：

1. 利用名人式

利用名人的名字來介紹自己的名字，關鍵是所選的名人是大家都知道的，否則就收不到效果。

2. 自嘲式

如劉美麗介紹自己時說：「不知道父母為何給我取美麗這個名字。我沒有標準的身高，也沒有苗條的身材，更沒有漂亮的臉蛋，這大概是父母希望我雖然外表不美麗，但不要放棄對一切美麗事物的追求吧。」

3. 自誇式

如李小華介紹自己時說：「我叫李小華，木子李，大小的小，中華的華。都是幾個沒有任何偏旁的最簡單的字，就如我本人，簡簡單單、快快樂樂。但簡單不等於沒有追求，相反，我是一個有理想並執著的人，在追求理想的路上我快樂地生活著。」

4. 聯想式

如一個同學叫蕭信飛，他便這樣做自我介紹：「我姓蕭，叫蕭信飛。蕭何的蕭，韓信的信，岳飛的飛。」絕大多數人對「蕭何月下追韓信」的典故和民族英雄岳飛都很熟悉，這樣一來，大家對他的名字當然印象深刻了。

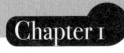

5. 姓名來源式

如陳子健：「我還未出生，名字就在我父親的心目中了。因為他很喜歡這樣一句古語『天行健，君子以自強不息』，於是毫不猶豫地給我取了這個名字，同時希望我像君子一樣自強不息。」

6. 望文生義式

如夏瓊：「我叫夏瓊，夏天的海南，風光無限。」與其他方法相比，望文生義法有更大的發揮餘地，例如下面的幾例：

楊帆——揚帆遠航，一帆風順。

皓波——銀色的月光照在水波上。

秀惠——秀外慧中，並非虛有其表。

7. 理想式

如向紅梅：「我嚮往像紅梅一樣不畏嚴寒，堅強剛毅，在各種環境中都要努力上進，尤其是在艱苦的環境裡，更要綻放出生命的美麗。」

8. 釋詞式

即從姓名本身進行解釋。如朱紅：「朱是紅色的意思，紅也是紅色的意思，合起來還是紅色。紅色總給人熱情、上進、富有生命力的感覺，這就是我的顏色！」

9. 利用諧音式

如官偉慧：「我的名字讀起來像『管委會』，正因為如此，大家盡可以把我當成管委會，有困難的時候來跟我說，本人一定力爭為大家解決。」

10. 調換詞序式

如周菲：「把『非洲』倒過來讀就是我的名字——周非。」

11. 激勵式

如展鵬在新生見面會上說：「同學們，我們從五湖四海來到這裡，不就是為了好好學習今後在社會這片廣闊的天空中大鵬展翅，自由翱翔嗎？」

12. 摘引式

如任麗群：「大家都知道『鶴立（麗）雞群』這個成語，我是人（任），更希望出類拔萃，所以，我叫任麗群。」

自我介紹是有很大發揮空間的，應該想方設法把它豐富起來，給別人留下一個良好而深刻的印象，有助於迅速和陌生人成為朋友。

12 陌生的人會對自信的人產生好感

「有自信的人最美」是因為那種自信的容貌，會讓人覺得充滿希望，讓人覺得活力十足、魅力萬分。培養自己的自信心，要從自己有興趣的事情著手，多接觸自己喜好的事物，這樣自信自然而然就會產生了。

在人際關係上，不論在什麼場合，初次見面時太過於熱衷地爭取某種事情時，只會使人們以為你是一個慣於使用手段的人，還是一個自以為聰明的人。其結果大都是聰明反被聰明誤。人們對於使用手段的人往往心存一道防線，並且本能地降低對對方的人格評價，懷疑他為人的誠實性，認為他心懷叵測，別有企圖。

這種急於成功的人，其實還是對自己沒有信心。他們害怕得不到別人的友情、喜歡、支持，害怕得不到自己所期望的東西。他們不敢告訴自己：「對方是喜歡我的，支持我的。」甚至會不安地懷疑自己：「對方是否討厭我？」於是他們的這種想法傳染給對方，卻無意中流露出了自己沒有信心的內心，對此，有心人是一目了然的。

所以，初次見面時，不論是何種狀況，要做到鎮定並善於用眼神表達自己的友善、關懷和願望，這是一種自信的表現。說話時善用眼神接觸，能帶來認真、可靠的印象。一般人們對於自信的人，都會另眼相看，並使人產生信賴的好感。如果你充滿信心，對方會對你產生好感；如果你含含糊糊地進行自我介紹，流露出羞怯心理，會使對方感到你無法掌握自己，以致對你有所保留。這樣，彼此之間的溝通便有了阻隔。

有個求職者自我介紹道：「俗話說『膽小不得將軍做』，對此，我卻不敢苟同，有例為證：漢代韓信為渡過險境，忍了街上小人的胯下之辱，可謂膽小，但是最終成了將軍。本人素以膽小著稱，卻偏有鴻鵠之志，故斗膽前來應聘，我自信能夠勝任酒店的這份工作。」言辭之間，充分展現了求職者的聰慧與自信，具有一定的吸引能力。

因此，任何時候都要相信自己，按照你的想法去開始吧！做事可以膽小，而做人只要你有堂堂正正的權力，你就可以放開勇氣面對，這是一種心態，這種心態決定了你的命運。大多數人往往會在不到一分鐘內就對所遇的人迅速地作一個判斷。你的命運也許在十五秒鐘內就被決定了。

在交往應酬中如果你缺乏信心時，不妨也穿戴上最華貴的「服飾」，找出足以榮耀自我的優點，那麼你將不會因感到低人一等而自卑了。所以，儘量找到自己的長處，即使是自認為不值一提的特長，利用自我擴大法，擴大成足以自豪的優點，藉以縮短與對方的心理距離，這樣就會增加自己的自信心。

13 親和力能讓你和別人一見如故

親和力是一種難得的個人魅力，它能喚起人們的熱愛之情，並使人們願意與之交往。

林肯，這位美國歷史上最偉大的總統之一，他的品行已成為後世的楷模，他是一位以親切、寬容、悲天憫人著稱的傑出領袖。而這一切成就，都與他的親和力密不可分。在林肯的故居裡，掛著他的兩張畫像，一張有鬍子，一張沒有鬍子。在畫像旁邊的牆上貼著一張紙，上面歪歪扭扭地寫著：

親愛的先生：

我是一個十一歲的小女孩，非常希望您能當選美國總統，因此請您不要見怪我給您這樣一位偉人寫這封信。

如果您有一個和我一樣的女兒，就請您代我向她問好。要是您不能給我回信，就請她給我寫吧。我有四個哥哥，他們中有兩人已決定投您的票。如果您能把鬍子留起來，我就能讓另外兩個哥哥也選您。您的臉太瘦了，如果留起鬍子就會更好看。所有女人都喜歡鬍子，那時她們也會讓她們的丈夫投您的票。這樣，您一定會當選總統。

格雷西　一八六〇年十月十五日

在收到小格雷西的信後，林肯立即回了一封信。

我親愛的小妹妹：

收到妳十五日前的來信，非常高興。我很難過，因為我沒有女兒。我有三個兒子，一個十七歲，一個九歲，一個七歲。我的家庭就是由他們和他們的媽媽組成的。關於鬍子，我從來沒有留過，如果我從現在起留鬍子，妳認為人們會不會覺得有點可笑？

忠實地祝願妳的　亞伯拉罕・林肯

次年二月，當選的林肯在前往白宮就職途中，特地在小女孩的小城韋斯特菲爾德車站停了下來。他對歡迎的人群說，「這裡有我的一個小朋友，我的鬍子就是為她留的。如果她在這兒，我要和她談談。她叫格雷西。」這時，小格雷西跑到林肯面前，林肯把她抱了起來，親吻她的面頰。小格雷西高興地撫摸他又濃又密的鬍子。林肯笑著對她說：「妳看，我讓它為妳長出來了。」

這就是林肯的親和力。親和力讓人萌發親近的願望，親和力使得即使是陌生人也會「一見如故」。人們總是喜愛與謙和、溫良的人往來，而不會心甘情願地將自己置於一個威嚴的人之下。

如何具有令人著迷的親和力？這是芸芸眾生所共求的一個目標。對此，千言萬語，只有一個關鍵，那就是對別人要有發自內心的興趣。社會上有許許多多的人，明顯缺乏的便是這種對人的興趣。其原因，大多是他們在應酬人際關係的人生舞臺上既不具備天生的人格魅力，又不去努力。我們應當建立起對別人真誠的興趣，明白我們應該怎麼做，不能做什麼，友好與人相處，就能發揮我們健全人格的威力，成為具有魅力的贏家。

對於你所欲左右的人，對於希望與你合作的人，對於你人脈圈子中的所有人，你務必獲得他們的敬愛。而獲得他們的敬愛，全憑你人格的魅力。要知道，一個渾身上下透出親和力的人，與一個整天板著臉的嚴肅的人相比，絕大多數的人都會選擇前者作為自己的往來對象。

社交0距離

說話高手 實戰手冊

Chapter 2

洞悉心理，贏得好感與支持

01 讓出談話的主動權，滿足他人的傾訴欲

著名記者麥克遜說：「不肯留神去聽人家說話，這是無法受人歡迎原因的一種。一般的人，他們只注重於自己應該怎樣地說下去，絕不管人家要怎樣的說。須知世界上多半是歡迎專聽人說話的人，很少歡迎專說自己話的人。」

很多人在生活中常易犯一個毛病：一旦打開話匣子，就難以止住。其實，這種人得不償失，因為話說得多了，既費精力，給他人傳遞的資訊又太多，也還有可能傷害他人；另外，無法從他人身上吸取更多的東西，因為他們總是不給別人機會。

其實，每個人天生都有一種渴望傾訴的心理，希望能夠暢快地表達自己，希望有人能夠安靜地聽自己說話。在與人交談的過程中，我們應該隨時關注人們的這種心理，學會當一個認真的傾聽者，讓出談話的主動權，滿足他人的傾訴欲。

與人交談時要暫時忘記自己，不要老是沒完沒了地談個人生活、自己的孩子、自己的事業。你要在交談中給對方發表意見的機會，可以儘量去引導別人說他自己的事情，同時，你以充滿同情和熱誠的心去聽他的敘述，一定會讓對方高興，給對方留下最佳的印象。如果有幾個朋友聚在一起談話，當中只有一個人口若懸河，其他人只是呆呆聽著，這不就成為他的演講會，會讓在場的其他人感到無可奈何和不愉快。

每一個人都有著自己的發表欲。小學生對老師提出的問題，爭先恐後地舉起手來，希望教師點到自己回答，即使他對於這個問題還不是徹底地瞭解，只是一知半解地懂了一些皮毛，還是要舉起手來的，也不在乎回答錯誤會被同學們笑話，這就說明人的表現欲是天生的，因為小學生遠不如成年人有那麼多顧慮。成人們聽著人家在講述某一事件時，雖然他們並不像小學生那樣爭先恐後地舉起手來，然而他的喉頭會覺得癢癢的，恨不得對方趕緊講完好換他講。

阻遏別人的發表欲，人家一定對你不高興，你在此情況下很難得到別人的認同，為什麼要做這樣的傻事呢？你不但應該讓別人有發表意見的機會，還得設法引起別人說話的欲望，讓人家感覺到你是一位使人歡喜的朋友，這對一個人的好處是非常之大的。

在與人交談的過程中，與其自己嘮嘮叨叨地多說廢話，還不如爽爽快快讓別人去說話，反而會得到意想不到的成功。如果能夠給別人說話的機會，你就給人留下了一個好印象，以後，別人就會更願意與你交談了。

能說會道的人很受歡迎，而善於傾聽的人才真正深得人心。話多難免有言過其實之嫌，或者被人形容誇誇其談。靜心傾聽就沒有這些弊病，倒有兼聽則明的好處。用心聽，給人的印象是謙虛好學，是專心穩重、誠實可靠。所以，有時候用雙耳聽比說更能贏得他人的認可和讚譽。

02 別人得意之事掛嘴上，自己得意之事放心裡

虛榮心人人都有，是人類天性的一部分，每個人都喜歡炫耀自己的成績、引起別人的注意。一方面，我們在人際交往的過程中，要學會洞悉他人的虛榮心理，多說說別人得意的事情，不失時機地滿足對方的虛榮心。

另一方面，要儘量把自己的得意事放在心裡，別傷害了對方的虛榮心，尤其是別人失意時，更要注意維護對方的虛榮心。聰明人會將自己的得意放在心裡，而不是放在嘴上，更不會把它當做炫耀的資本。當你和朋友交談時，最好多談他關心和得意的事，這樣可以贏得對方的好感和認同，進而加深你們之間的感情。

小柯剛調到市人事局的那段日子裡，幾乎在同事中連一個朋友也沒有，他自己也搞不清是什麼原因。

原來，他認為自己正春風得意，對自己的機遇和才能滿意得不得了，幾乎

每天都使勁向同事們炫耀他在工作上的成績。但同事們聽了之後不僅沒有人分享他的「得意」，而且還不太高興。後來，還是他當了多年上司的老父親一語點破，他才意識到自己的癥結到底在哪裡。從此，每當他有時間與同事閒聊的時候，總是談論對方的得意之事，久而久之，同事們都成了小柯的好朋友。

誠然，人在得意時都會有張揚的欲望，都想及時地把得意的事和大家分享，以顯示自己的優越感，但是當你想談論你的得意時，要注意說話的場合和對象。你可以在演說的公眾場合談，對你的員工談，享受他們投給你的欽羨目光，也可以對你的家人談，讓他們以你為榮，引以為豪，但就是不要對失意的人談。因為失意的人最脆弱，也最敏感，更容易觸發內心的失落感。你的每一句得意之言都會在他心中形成鮮明的對比，你的談論在他聽來都充滿了諷刺與嘲諷的味道，讓失意的人感受到你「看不起」他。

一個週末，曉楠約了幾個要好的朋友來家裡吃飯，這些朋友彼此都是很熟悉的。曉楠把他們召集在一起，主要是想藉著熱鬧的氣氛，讓一位目前正處於人生低潮的朋友心情好一些，希望他能早一點從心情的低谷中走出來。這位朋友在不久前因經營不善，關閉了一家公司，他的妻子也因為不堪生活的重負，正與他談離婚的事。內外交迫，他實在痛苦極了，也對生活也失去了信心。

來吃飯的朋友都很同情這位朋友目前的遭遇，也非常理解他現在的心情，因此大家都避免去談到那些與事業有關的事。但是其中一位朋友因為目前生意好賺了很大一筆錢，按捺不住內心的喜悅，酒一下肚就忍不住開始大談他的賺錢本領和花錢功夫，那種得意的神情，連曉楠看了都很不舒服。

那位失意的朋友沉默不言，心中的苦澀全寫在臉上了，一會兒去拿東西，一會兒去抽菸，最後還是提早離開了。曉楠送他出去，在巷口，他憤憤地說：「那傢伙會賺錢也不必在我面前說得那麼神氣。」

曉楠瞭解他的心情，因為在多年前她也碰過低潮，曾經對生活絕望，每次有正風光的親戚朋友在她面前炫耀自己的薪水、獎金，那種感受，就如同把針一支支插在心坎一般，說不出的心酸與痛苦。

一般來說，失意的人較少攻擊性，鬱鬱寡歡、沉默寡言、多愁善感是最普遍的心態，但別以為他們只是如此。當他們聽你的得意言論後，他們普遍會產生一種心理——怨恨。這是壓抑在內心深處的不滿，你說得唾沫橫飛、得意忘形，其實不知不覺已在失意者心中埋下一顆情緒炸彈。在一般情況下，失意者對你的懷恨不會立即顯現，因為他無力顯現，但他會透過各種方式來洩恨，比如說你壞話、扯你後腿、故意與你為敵……主要目的則是——看你得意到幾時。而最明顯的則是疏遠你，避免和你碰面，這樣你就少了一個朋友，其他的朋友甚至也會孤立你，這樣的結果得不償失

自己的得意事放在心裡，別人的得意事掛在嘴邊，只有銘記這一點，才不被人討厭，才有可能真正被人接納，找到成事的「切入點」，讓自己的人生多一條坦途，少一分牽絆。

03 任何時候都要維護他人的自尊

每個人都有自尊，都渴望得到別人的尊重。人與人之間雖然在財富、地位、學識、能力、膚色、性別等許多方面各有不同，但在人格上是平等的。維護自己的自尊是人類心中最強烈的願望，在人際交往中，我們如果傷害了別人的自尊，對方就很有可能千方百計地傷害我們的自尊；而如果我們維護了別人的自尊，別人也會反過來回報我們對他的尊重。

偉德是一家食品店的老闆，他的一名店員經常粗心大意地把商品的價格標籤貼錯，並由此引起了混淆和顧客的抱怨，偉德多次批評他，還是屢屢犯錯。最後，偉德把這名店員叫進了辦公室，任命他為價格標籤的主管，負責將整個食品店貨物架子上的標籤都貼在合適的位置上。新頭銜和職責讓他的工作態度發生了徹底的改變，從此以後他做的工作都很令人滿意。

很多人自尊心非常強，不到萬不得已不輕易求人。因為一旦乞求別人的幫助就意味著自己是弱者而對方是強者，自己受別人的恩惠，就要看人家的臉色，在人面前氣短三分。正因如此，我們在為別人提供幫助時，也要考慮自己的說話辦事方法，不要傷及對方的尊嚴，才能使他真正得到幫助。否則人情沒有做成，反而招人埋怨。一位女士講述了她祖父的故事，當年祖父很窮，冬天來了，他沒有錢買木柴，就去向一個富人借錢。富人爽快地答應借給他兩塊大洋，很大方地說：「拿去花吧，不用還了！」祖父猶豫了一下，還是接過錢，小心翼翼地包好，就匆匆往家裡趕。富人對著他的背影又喊了一遍：「不用還了！」

第二天大清早，富人打開院門，發現門口的積雪已被人掃過了。他在村裡打聽後，得知這事是借錢的人做的。富人想了想，終於明白了：自己昨天的舉動是給別人一份施捨，只是將別人變成乞丐。於是他讓祖父寫了一份借條，約定以掃雪來償還借款。祖父用掃雪的行動提醒富人，任何人都有尊嚴。可見，即使是在幫助別人的過程中，也要考慮對方的感受，不要一副「施捨」的姿態，否則一片好心反而遭來怨恨，得不償失。

由此可見，無論我們與什麼身分、什麼地位的人打交道，都要隨時注意維護他人的自尊，這樣才能贏得別人的尊重，避免不必要的麻煩和損失。

04 讓別人感覺自己比你聰明

裝傻是一種人生大智慧。每個人都希望比別人顯得更聰明，裝傻可以滿足他人這種心理。他會感覺自己很聰明，至少比你聰明一些。一旦他意識到這一點，他將再也不會懷疑你可能有更加重要的目的。

在一個小鎮上，有一個傻孩子，人們常常捉弄他。其中最為樂此不疲的一個遊戲是挑硬幣，他們把一枚五分硬幣和一枚一角硬幣丟在孩子面前，他每次都會拿走那個五分的。於是大家哈哈大笑，感歎一番「真傻」、「傻得不可救藥」，等等。

一個女教師偶然看到了這一幕，心中非常難過，她為那些沒有同情心的人感到可悲。她把孩子拉到一邊，對他說：「孩子，你難道不知道一角錢要比五分錢多嗎？為什麼要讓人家嘲笑你呢？」

孩子雙眼閃出靈動的光芒，他笑著說：「當然知道！可是如果我拿了那一角錢，以後就再也拿不到那許多的五分錢了。」

這個孩子正是那種貌似愚鈍、內心清明的人，他的傻只是一種偽裝，那些膚淺的人們在嘲笑他的同時，卻扮演了被算計、被愚弄的角色。

誰聰明誰傻，從表面上是看不出的，真正的聰明人往往不是光彩外露的。在紛繁複雜、變幻莫測的世界上，那些智者不得不故意裝憨賣傻，以一副糊塗表像示之於眾人。然而也唯有如此，方稱得上有「大智慧」，是「大聰明」。

裝傻是大智若愚、大巧若拙，是為人處世的大藝術，是保全自我的大手段。有的人外表似乎固執守拙，而內心卻世事通達、才高八斗；有的人外表機敏精靈，而內心卻空虛惶恐、底氣不足。

人生是個萬花筒，一個人在複雜莫測的變幻之中要用足夠的聰明智慧來權衡利弊，以防失手於人。但是，人有時候不如以靜觀動，守拙若愚。這種處事的藝術其實比聰明還要勝出一籌。聰明是天賦的智慧，裝傻是後天的聰明，人貴在能集聰明與愚鈍於一身，需聰明時便聰明，該裝傻時裝傻，隨機應變。

老子自稱「俗人昭昭，我獨昏昏；俗人察察，我獨悶悶」，而作為老子哲學核心範疇的「道」，更是那種「視之不見，聽之不聞，搏之不得」的似糊塗又非糊塗、似聰明又非聰明的境界。人依於道而行，將會「大直若屈，大巧若拙，大辯若訥」。莊子說：「知其愚者非大愚也，知其惑者非大惑也。」人只要知道自己的愚和惑，就不算是真愚真惑。是愚是惑，各人心裡明白就足夠了。聖賢將「裝傻」上升到哲學的高度，其中的深意耐人尋味。

05 不把別人比下去，不被別人踩下去

每個人都難免有一些嫉妒心，你太優秀、太耀眼，難免刺傷別人的自尊和虛榮。想想看，當你將所有的目光和風光都搶盡了，卻將挫敗和壓力留給別人，那麼別人在你的光芒的壓迫之下，還能夠過得自在、舒坦嗎？要知道，一個人鋒芒太盛了難免刺傷他人。在名利場中，要防止盛極而衰的災禍，必須牢記「持盈履滿，君子兢兢」的教誡。有才卻不善於隱匿的人，往往招來更多的嫉恨和磨難。

唐人孔穎達，字仲達，八歲上學，每天背誦一千多字。長大後，很會寫文章，也通曉天文曆法。隋朝大業初年，舉明高第，授博士。隋煬帝曾召天下儒官，集合在洛陽，令朝中士與他們討論儒學。

穎達年紀最小，道理說得最出色。那些年紀大、資深望高的儒者認為穎達超過他們是恥辱，便暗中刺殺他。穎達躲在楊志感家裡才逃過這場災難。

到唐太宗，穎達多次上訴忠言，因此得到了國子司業的職位，又拜酒之職。太宗來到太學視察，命穎達講經。太宗認為講得好，下詔表彰他，但後來他卻辭官回家了。

南朝劉宋王僧虔，是東晉名士王導的孫子，宋文帝時官為太子庶子，武帝時為尚書令。年紀很輕的時候，僧虔就以擅長書法聞名。宋文帝看到他寫在白扇子上面的字，讚歎道：「不僅字超過了王獻之，風度氣質也超過了他。」當時，宋孝武帝想以書名聞天下，僧虔便不敢顯露自己的真跡。大明年間，他曾把字寫得很差，因此平安無事。

當你把別人比下去，就給了別人嫉妒你的理由，為自己樹立了敵人。所以，在與人逞強之前請先三思。如果你確實有真才實學，又有很大的抱負和理想，不甘於停留在一般和平庸的階層，那麼，你可以放開手腳大幹一場，但有一點，你必須注意時刻提防周遭人的嫉妒。

要想使自己免遭嫉妒者的傷害，你需要注意自己的言行，儘量不要刺激對方的嫉妒心理。對於你周圍的嫉妒者，可迴避而不宜刺激。同事的嫉妒之心就像馬蜂窩一樣，一旦捅它一下，就會招來不必要的麻煩。既然嫉妒是一種不可理喻的低層次情緒，就沒必要去計較你長我短、你是我非，更不必針鋒相對，非弄個水落石出、青紅皂白不可。須知，這不是學術討論，更不是法庭對峙，你的對手不會用邏輯、情理或法律依據與你爭鋒的。

事實上，嫉妒之人本來就不是與你處在同一層次上，因而任何據理力爭都只會使你吃虧，浪費時間，虛擲精力，最佳的應對方式是胸懷坦蕩、從容大度。對嫉妒者的種種雕蟲小技，完全可以視若不見、充耳不聞，以更為出色的成績來證實所受的認可是完全公正的。

06 成全別人好勝心，成就自己獲勝心

人人都有自尊心，人人都有好勝心，若要聯絡感情，應處處重視對方的自尊心，因為重視對方的自尊心，必須抑制你自己的好勝心，成全對方的好勝心。若能做到這一點，在危險中你將可以保全自己，在競爭中你將更容易獲勝，在日常與人相處中你將獲得好人緣。

漢初良相蕭何，泗水沛（今江蘇沛縣）人，曾任沛縣主吏掾、泗水郡卒吏等職，持法不枉害人。秦末隨劉邦起兵反秦，劉邦進入咸陽，蕭何把相府及御史府的法律、戶籍、地理圖冊等收集起來，使劉邦知曉天下山川險要、人口、財力、物力的分佈情況。項羽稱王后，蕭何勸說劉邦接受分封，立足漢中，養百姓，納賢才，收用巴蜀二郡的賦稅，積蓄力量，然後與項羽爭天下。為此深得劉邦信任，被任為丞相。他極力向劉邦舉薦韓信，認為劉邦要取得天下非用韓信不可。後來韓信在楚漢戰爭中的才幹證明蕭何慧眼識人。

楚漢戰爭中，蕭何留守關中，安定百姓，徵收賦稅，供給軍糧，支援了前方的戰鬥，為劉邦最後戰勝項羽提供了物質保證。西漢建立後，劉邦認為蕭何功勞第一，封他為侯，後被拜為相國。蕭何計誅了韓信後，劉邦對他就更加恩寵，除對蕭何加封外，劉邦還派了一名都尉率五百名士兵作相國的護衛。

當天，蕭何在府中擺酒慶賀。有一個名叫召平的人，穿著白衣白鞋，進來對蕭何說：「相國，您的大禍就要臨頭了。皇上在外風餐露宿，而您長年留守在京城，您既沒有什麼汗馬功勞，又沒有什麼特殊的勳績，皇上卻給您加封，又給您設置衛隊，這是由於最近淮陰侯在京謀反，因而也懷疑您了。安排衛隊保衛您，這可不是對您的寵愛，而是為了防範您。希望您辭掉封賞，再把全部私家財產都捐給軍用，這樣才能消除皇上對您的疑心。」

蕭何聽從了他的勸告，劉邦果然很高興。同年秋天，英布謀反，劉邦親自率軍征討。他身在前方，每次蕭何派人輸送軍糧到前方時，劉邦都要問：「蕭相國在長安做什麼？」使者回答，蕭相國愛民如子，除辦軍需以外，無非是做些安撫、體恤百姓的事。劉邦聽後總默不做聲。使者回來後告訴蕭何，蕭何也沒有識破劉邦的用心。

有一次，偶然和一個門客談到這件事，這個門客忙說：「這樣看來您不久就要被滿門抄斬了。您身為相國，功列第一，還能有比這更高的封賞嗎？況且您一入關就深得百姓的愛戴，到現在已經十多年了，百姓都擁護您，您還在想盡辦法為民辦事，以此安撫百姓。現在皇上所以幾次問您的起居動向，就是害怕您借關中的民望而有什麼不軌行動啊！如今您何不賤價強買民間田宅，故意讓百姓罵您、怨恨您，製造些壞名聲，這樣皇上一看您也不得民心了，才會對您放心。」

蕭何說：「我怎麼能去剝削百姓，做貪官污吏呢？」

門客說：「您真是對別人明白，對自己糊塗啊！」

蕭何又何嘗不知道這個道理，為了消除劉邦對他的疑忌，只得故意做些侵奪民間財物的壞事來自汙名節。不多久，就有人將蕭何的所作所為密報給劉邦。劉邦聽了，像沒有這回事一樣，並不查問。

當劉邦從前線撤軍回來，百姓攔路上書，說相國強奪、賤買民間田宅，價值數千萬。劉邦回長安以後，蕭何去見他時，劉邦笑著把百姓的上書交給蕭何，意味深長地說：「你身為相國，竟然也和百姓爭利！你就是這樣『利民』啊？

你自己向白姓謝罪去吧！」劉邦表面讓蕭何自己向百姓認錯，補償田價，可內心裡卻竊喜，對蕭何的懷疑也逐漸消火。

劉邦身為開國皇帝，自是不希望臣子的威信高過自己。蕭何採納了門客的建議成功的保全了自己。人們在人際交往中也是如此，每個人都有好勝心，懂得成人之美，是一種雙贏、皆大歡喜的智慧。

07 裝傻充愣，避開敏感處不得罪人

裝傻充愣，避開不想面對的敏感處，模糊應對，是一種大智若愚的拒絕態度和情操。

推銷員一進門，就迎出來一個白髮老頭。年輕推銷員恭恭敬敬鞠了一躬。「喔，喔，可回來了！你畢竟是回來了。」

老頭脫口而出：「老婆子快出來，兒子回來了，是洋一回來了。很健康，長大了，一表人才！」

老太太連滾帶爬地出來了，只喊了一聲：「洋一！」就捂著嘴，眨巴著眼睛，再也說不出話來。

推銷員慌了手腳，剛要說「我……」時，老頭搖頭說：「有話以後再說。快上來，難為你還記得這個家。你下落不明的時候才小學六年級，我想你一定會回來，所以連這個舊門都不修理，不改原樣，一直都在等著你呀。」

推銷員實在待不下去了，便從這一家跑了出來，而喊他留下來的聲音始終留在他的耳邊。

「大概是走失了獨生子，悲痛之餘兩個老人家都精神失常了吧？真是怪可憐的。」他想著想著回到了公司，跟前輩談這件事。

老前輩說：「早告訴你就好了。那是小康之家，只有一對老夫婦。他們因為退休後無聊，所以經常這樣作弄推銷員。」

「上當了！好，我明天再去，假裝是兒子，來個順水推舟，讓他們傷腦筋。」

「算了吧，這回又會說是女兒回來了，拿出女人的衣服來給你穿。結果，你還是得要逃跑的。」

用裝傻的手段捉弄和對付難纏的推銷員，不失為一種高明的手段，人際場上，很多人都特別擅長這種模糊迂迴的圓融之道。在日本有這樣一個故事，很能給人啟發：

一位名叫宮一郎的青年去拜訪廣源先生，想將一塊地產賣給他。

廣源聽完宮一郎的陳述後，並沒有做出「買」或者「不買」的直接回答，而是在桌子上拿起一些類似纖維的東西給宮一郎看，並說：「你知道這是什麼東西嗎？」他似乎瞬間忘記了宮一郎上門的目的。

「不知道。」宮一郎回答。

「這是一種新發現的材料，我想用它來做一種汽車的外殼。」廣源詳詳細細地向宮一郎講述了一遍。廣源先生共講了事十五分鐘之多，談論了這種新型汽車製造材料的來歷和好處，又誠誠懇懇地講了他明年的汽車生產計畫。廣源談的這些內容宮一郎一點也聽不懂，但廣源的情緒感染了宮一郎，他感到十分愉快。在廣源送宮一郎時順便說了一句：「不想買那塊地。」

廣源的高明之處在於他沒有一開始就回拒宮一郎。如果那樣，宮一郎就一定會滔滔不絕地勸說他買那塊地。而廣源採取了迴避的態度，裝作好像根本沒聽懂宮一郎的話，沒有給他勸說的時間，在結束談話時輕輕一拒，不失為高明之法。

裝傻充愣並不是真傻，而恰恰是一種高明的陰柔之道，它真正體現的是你的聰明與靈活。它主要有兩種形式，一是沉默不語，裝聾作啞；二是答非所問，模糊應付。

社交應酬是一個非常廣泛的領域，我們所接觸的人物當然也是形形色色。於是，很多情景或事情的發生都可能不在我們的預料之中。其中，敏感性話題的突然出現，就是一個令很多人都感到棘手的應酬難題。這種情況下，裝傻充愣便成了基於傳統文化而催生的一種至高無上的人生境界，其表現為內細外粗，是生活中為人處世極具實際價值的心術智慧。

08 即使他是一塊疤，也說他是一朵花

孔子言：「樂道人之善。」孟子戒：「勿言人之不善。」也就是說，人們要樂於說出別人的好處、益處，不要說人們的壞處。雖然時逾千年，這仍然是人們待人處世的良好經驗和準則。

日常生活中，有些人一說起別人的缺點、毛病，總是滔滔不絕、繪聲繪色，甚至當著當事人的面也會毫無顧忌地數落、指責。但對別人的優點長處，卻常常視而不見，更不願給人鼓勵和讚美。他們有一種看自己「一朵花」，看別人「一塊疤」的心理。

而事實上，生活中的每個人都渴望得到周圍人的認可，渴望別人的讚美和鼓勵。真正的處世高手，都深諳樂道人之善的道理，即使對方是「一塊疤」，他們也能巧妙地把對方誇成「一朵花」，進而使對方心情愉悅，願意與自己互相往來，樂於為自己效勞。這也正是成功為人處世的法寶。

甲、乙兩個獵人，各獵了兩隻兔子回來。甲的妻子看見後冷漠地說：「你一天只打到兩隻小野兔嗎？真沒用！」甲獵人聽到後很不高興，心裡埋怨起來，妳以為很容易打到嗎？第二天他故意空手而回，讓妻子知道打獵是件不容易的事情。

相反，乙獵人回到家後，他的妻子看到他帶回了兩隻兔子，歡天喜地地說：「你一天打了兩隻野兔嗎？真了不起！」聽到讚美，乙獵人滿心喜悅，心想兩隻算什麼，結果第二天他打了四隻野兔回來。

社會是由各種各樣的人組成的，這些人都有不同的思想性格、興趣愛好與生活習慣。有的人熱情開朗，有的人沉靜穩重，有的人性子急躁，有的人心胸狹窄。但是不管他們是哪種人，都喜歡被別人認可和讚美。上至古稀老人，下至三歲孩童，在內心最強烈的渴求就是自尊，就是得到人們的重視。

學會「樂道人之善」，與人相處時，要能看到對方的優點和長處，即使對於不喜歡的人，也不要抱有個人的成見和偏見，只見「烏雲」不見「太陽」。

無論是對待同事、朋友、親人，還是萍水相逢的陌生人，要多發現他們的長處，多學他們的優點，不能看自己是「一朵花」，看別人就是「滿身疤」。

我們經常會見到這樣一種人：他對自己所做的工作一點一滴都記在心頭、掛在嘴上，挑別人的毛病也絕無遺漏，說起來如數家珍。而對自己的毛病、別人的長處，則一概緘口不語。這種人往往為人們所不齒，被稱為「不團結因數」。

「樂道人之善」，一方面要注意不能因為自己比別人做的工作多一點或能力強一點，就沾沾自喜，瞧不起別人；另一方面還要善於發現別人的優點、長處，對他人的工作成績多加褒揚。這樣，不僅顯示出了自己虛懷若谷的風度，有益於團結，而且對自己的成長與進步也會大有好處。當然，對別人應該實事求是、恰如其分地讚美，如果不顧事實或誇大事實，效果可能會適得其反。那麼，從現在開始，與人交往的時候，請不要再吝嗇你的美言了！

09 強者也要裝腳痛，更好地處理人際關係

強者有時也要裝腳痛，這樣才能更好地處理人際關係。要知道作為弱者的一方，他心裡希望看到強大的對手遭遇挫折。所以，作為強者來說，在某些時候，某些場合假裝踢到「鐵板」喊腳痛，收劍一下自己的鋒芒，也是很有必要的。

張某和李某二人是大學同班同學，二人無話不談，彼此都沒有祕密，因此班上同學說他們二人是「難兄難弟」，而他們二人也以彼此間的友情而自豪，並且相當珍惜。大學畢業後，二人仍然保持聯繫。幾年過後，二人的工作分別換了，也先後結了婚，仍然來往頻繁。後來張某一度落魄，李某則不時給予溫情。

過了五、六年，張某東山再起，站在一個李某根本無法企及的位置。但自此之後，二人關係淡了，張某找李某，李某總是藉故逃避。為什麼如此？張某

十分納悶。張某和李某在校時感情甚好，步入社會時仍能維持一定的關係，原因有兩個：一是兩人出身背景相近，彼此都感受不到對方的「壓力」，因此能融洽相處。如果二人中一為豪門世家，一為寒門子弟，恐怕就不是這個樣子。二是初入社會，彼此「成就」差不多，「壓力」尚未形成，因此還能維持相處的熱情。不過，人是好「比」的，「比」的目的是建立自己在同行中的地位，因此，絕大多數人不會去和不同行業者比，不會去和不同年齡者比，不會去和職業差太多者比，總是會和同班同學比，和同行比，和同階層比；能「比」對方「高」、「好」、「多」，自己就會有一種自我滿足。大學生從學校畢業後，前幾年看不出先後，但七、八年、十多年之後，成就的高下就出現了，所以大學畢業後幾年，同學會還辦得起來，十年後就不容易辦了，因為前幾年大家都差不多，十年後成就有了差距，自認沒有成就的就不想參加了。

張某和李某的問題也是出在「比」這個字。本來李某認為他是可以超越張某的，所以他也不吝給予落魄中的張某溫情，誰知張某反而在幾年後超越了李某，讓李某很不是滋味；李某過去的樂觀破滅，心理受到了「估算錯誤」的打擊，同時也有了成就比較上的壓力，一時無法調適，所以和張某疏遠。其實，強者偶爾裝裝「腳痛」，表現得隱晦一點，會讓弱者在心理上多少得到一些平衡，雙方的關係也就不會陷入僵局。

這種現象包含著嫉妒、羨慕的心理，基本上是屬於維護自我尊嚴的防衛性行為，但有時也不無轉成攻擊性行為的可能。所以，當一個人突然在事業上走在同行的前面，第一個影響就是原來的朋友突然少了；不過，這些突然疏遠了的朋友也有可能在過一段時間之後和你重新建立關係——反正也比不上你，不如和你保持接觸，以免失去一條可貴的人緣。女孩子也會有這種情形，而且可能表現得更為明白強烈，例如當某位女孩嫁一位人人羨慕的對象，那麼她的「閨中密友」也有可能很快流失，因為她們受不了她的「幸運」而生她的「悶氣」。不過，這也是一件無可奈何的事，友情誠可貴，但為了追求自己的更高成就，也不必過分地勉強，或者是捨棄。

有些時候，如願意在弱者面前顯示你「脆弱」的一面，表現謙卑，會讓對方心理平衡一些，至少在處理人際關係這方面不會讓你束手無策，面臨尷尬的境地。

10 風光不可占盡，要分他人一杯羹

每個人心中都會有一種出人頭地的渴望，尤其二十幾歲的年輕人剛剛步入社會，更是渴望成功，期待著有一天能「一炮而紅」。於是，我們常常發現，那些在自己的領域做出一點成績的人眼只中只有自己，就好比在一張白紙上塗一個黑點，他們只看到黑點，卻看不見黑點之外那無限開闊的天地。他們不停地炫耀自己、推銷自己，儼然一副舍我其誰的神態。殊不知，他們的這種行為是令人十分反感的，這樣做只會使他們離成功越來越遠。

一個人做事千萬別做絕，好處全部得盡，這樣的話你得勢時雖然做到了初一，但等你失勢時人家就會做到十五，到頭來自己說不定就會落得個悲慘的下場，所以有好處時一定要分人一杯羹，這叫「與人方便，自己方便」。

清朝著名的「紅頂商人」胡雪岩，一生縱橫官場與商場，黑白兩道，上下通吃，做人真正地做到了「人精」的地步，他做人一個很重要的原則便是「利

益均沾，資源分享」。這才成就了他一段「不朽」的傳奇。胡雪岩對於金錢的看法是有他獨到見解的，其中，很重要的一點便是與他人分一杯羹，好處共用。

有一次，胡雪岩打聽到一個消息說外面運進了一批先進、精良的軍火。消息馬上得到進一步的確定，胡雪岩知道這又是一筆好生意，做成一定大有賺頭。他立即找外商聯繫，憑藉他老道的經驗，高明的手腕，以及他在軍火界的信譽和聲望，胡雪岩很快就把這批軍火生意搞定。

正當春風得意之時，他聽商界的朋友說，有人在指責他做生意不仁道。原來外商已把這批軍火以低於胡雪岩出的價格，擬定賣給軍火界的另一位同行，只是在那位同行還沒有付款取貨時，就又被胡雪岩以較高的價格買走了，使那位同行喪失了賺錢的好機會。

胡雪岩聽說這事後，對自己的貿然行事感到慚愧。他隨即找來那位同行，商量如何處理這事。那位同行知道胡雪岩在軍火界的影響，怕胡雪岩在以後的生意中為難自己，所以就不好開列條件，只好推說這筆生意既然讓胡老闆做成了就算了，只希望以後留碗飯給他們吃。

事情似乎就可以這麼輕易地解決了，但胡雪岩卻不然，他主動要求那位同行把這批軍火「賣」給他，同樣以外商的價格，這樣那位同行就吃個差價，而不需出錢，更不用擔風險。事情一談妥，胡雪岩馬上把差價補貼給了那位同行。那位同行甚為佩服胡雪岩的商業道德，此後兩人多次合作都非常愉快。

所謂「三十年河東，三十年河西」，人人都有得意和落魄的時候，只有那些對朋友一如既往的人，才能贏得真正長久的友誼。我們對待朋友，也應像胡雪岩這樣，自己得意的時候不忘照顧朋友，失意的時候才能得到他人相助。這不僅僅是利益交換那麼簡單，更是朋友之間建立起來的相互信任和情誼，有好處的時候分給朋友一杯羹，體現的是一種大度和風範。

俗話說「財散人聚，財聚人散」，在社會上立足要靠「智」，更要靠「德」，有德的人自然能夠聚集更多的人氣和財氣。

11 不要時時都去爭口頭上的勝利

每個人都不願意認輸，不願意承認自己錯了，與人爭論時，要考慮對方的這種心理，不必硬要分出勝負，得理也讓人三分，別人心裡定會心存感激，至少不會與你為敵。

然而生活中有一類人，反應快，口才好，心思靈敏，在生活或工作中和人有利益或意見的衝突時，往往能充分發揮辯才，把對方辯得臉紅脖子粗，啞口無言。其實，這是種沒「心機」的表現。口頭上的贏不能叫贏，與人針鋒相對，處處抬杠，無論你說得多麼精彩，多麼富有哲理，也很難讓對方心服口服、甘拜下風。即使你勝了，其實也敗了。

而且這種時時爭取口頭上勝利的人，漸漸地會形成一種習慣：不管自己有理無理，一要用到嘴巴，他絕不會認輸，而且也不會輸，因為他有本事抓你語言上的漏洞，也會轉移戰場，四處攻擊，讓你毫無招架之力；雖然你有理，他無理，但你就是拿他沒辦法。

在辯論會、談判桌上，這種人也許是個人才，但在日常生活和工作場合中，這種人反而會吃虧，因為日常生活和工作場合不是辯論場，也不是會議場和談判桌，你面對的可能是能力強但口才差，或是能力差、口才也差的人，你辯贏了前者，並不表示你的觀點就是對的，你辯贏了後者，只會凸顯你是個好辯之徒且沒有「心眼」罷了。

而一般常見的情形是，人們雖然不敢在言語上和你交鋒，但對的事情大家心知肚明，反而會同情「辯」輸的那個人，你的意見並不一定會得到支援，而且別人因為怕和你在言語上交鋒，只好儘量迴避你。如果你得理還不饒人，把對方「趕盡殺絕」，讓他沒有臺階下，那麼你已種下仇恨的種子，這對你絕對不是好事。

你應該也有過這樣的體會，一個人在提出自己的意見後，一旦遭到全盤否定，你的自尊心理往往使他採取以牙還牙式的反抗。這種心理反應會極大地阻礙談判的順利進行。相反，一個人在提出自己的意見後，一旦受到某種程度的肯定和重視，人的自尊心理會引導心理活動形成一種興奮優勢，這種興奮優勢會給人帶來情感上的親善體驗和理智上的滿足體驗。這種體驗一旦發生，就會有利於糾紛的調處，使爭執雙方的意見達成一致。

根據上述理論，我們在與對方談話時應先說「是的」，表示同情和理解，創造一種較為融洽的談判氣氛，縮短雙方之間的心理距離後，再講「但是」。由於你對對手的某些看法大加讚賞，對手自動地停止了自己的講話，含著笑、點著頭關注地欣賞別人對自己觀點的肯定和發揮。這時，在他眼裡，你是與他站在一起的，對立不存在了，儘管你也在讚揚的意見後表達了不同意見，那也好商量了。

Chapter 3

揣摩心理，與他人有效溝通

01 看清談話對象的身分再開口

「到什麼山唱什麼歌，見什麼人說什麼話。」說場面話不看對象，常常讓別人無法理解自己的本意，進而在無形之中與別人拉開了相當的距離。反之，瞭解了對方的情況，並依據其情況，尋找與之相適應的話題和談話內容，雙方就會覺得談話比較投機，彼此在距離上也顯得比較親切。對方會覺得你是一個極具親和力的人，進而願意與你相處。

1. 看對方的身分地位說話

幾乎沒有一個人在說話的時候不考慮到彼此的身分的。不分對象，不看對方身分，都用一樣的口氣說話，是幼稚無知的表現。

下級對上級、晚輩對長輩、學生對老師、普通人對於有名氣地位的人等，不必表現得屈從、奉迎。但在言談舉止上則不要過與隨便，有必要表現得更加尊重一些。

在不是十分嚴肅隆重的場合，身分較高的人對身分較低的人說話越隨和風趣越好，而身分較低的人對身分較高的人說話則不宜太過隨便，尤其在公眾場合，說話要恰如其分地掌握好自己與聽者的身分差別。

地位則是個人在團體組織中擔負的職位，和在社會關係中所處的位置。個人的社會地位不同，就會有不同的人生經歷、社會職責和交際目的，對口才表達也會產生不同的需求。

例如，與上司說話，或是探討工作，我們應該儘量向上司多請教工作方法，多討教辦事經驗，他會覺得你尊重他，看得起他。所以，在工作中，在辦事過程中，即使你全都懂，也要裝出有不明白的地方，然後主動去問上司：「關於這事，我不太瞭解，應該如何辦？」或「這件事依我看來這樣做比較好，不知局長有何高見？」上司一定會很高興地說：「嗯，就照這樣做！」或「這個地方你要稍微注意一下！」或「大致上這樣就好了！」如此一來，我們不但會減少錯誤，上司也會感到自身的價值，而有了他的幫助和支持，後面的事情就好辦得多了。

2. 針對對方的特點說話

和人交談要看對方的身分、地位，還要看對方的性格特點，針對他的不同特點，採取不同的說話方式，這樣才有利於解決問題。

中國春秋時期的縱橫家鬼谷子先生指出：「與智者言依於博，與博者言依於辨，與辯者言依於要，與貴者言依於勢，與富者言依於豪，與貧者言依於利，與卑者言依與謙，與勇者言依於敢，與愚者言依於銳。」意思是說，和聰明的人說話，須憑見聞廣博；與見聞廣博的人說話，須憑辨析能力；與地位高的人說話，態度要軒昂；與有錢的人說話，言辭要豪爽；與窮人說話，要動之以利；與地位低的人說話，要謙遜有禮；與勇敢的人說話不要怯懦；與愚笨的人說話，可以鋒芒畢露。

一次，孔子的學生仲由問：「聽到了，就去做嗎？」

孔子說：「不能。」

又一次，另一個學生冉求又問：「聽到了，就去做嗎？」

孔子說：「去吧！」

公西華在旁聽了犯疑，就問孔子：「兩個人的問題相同，而你的回答卻相反。我有點兒糊塗，故來請教。」

孔子說：「求也退，故進之；由也兼人，故退之。」

孔子的意思是說，冉求平時做事好退縮，所以我給他壯膽；仲由好勝，膽大勇為，所以我勸阻他。孔子教育學生因人而異，我們談話也要因人而異。

3. 與異性談話要注意距離

與同性和異性交流，在說話方式、措辭和態度上都應有所區分，尤其在與異性說話時，要注意關係的親疏遠近，選擇適當的稱呼用語，談話中也要儘量避免一些模糊、曖昧的詞語，否則容易引起誤會甚至對方的反感。

一個男子在火車站候車，看見坐在身邊的一位女士風韻照人，穿著一雙很好看的絲襪，便湊上前去搭訕。

男子：「妳這雙襪子是在哪兒買的？我想給我的妻子也買一雙。」

女士：「我勸你最好別買的，穿這種襪子，會招來不三不四的男人找藉口跟你妻子搭訕的。」

所以，男士同女士交談，一定要對她們的心理有一定的瞭解，注意男女有別，一定要保持應有的距離，而不能把男人圈裡的東西隨便搬過來。此外，男

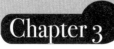

性與女性說話，一般不宜貿然提起對方的年齡，尤其和西方女性交流時更要注意這一點。

不同的人在不同的情況下有不同的心態，有時候甚至不會從外部表現上明顯地表露出來，這時作為表達者就應當洞察對方的心理，以便進行有效的交流。既然大家日常說話有差別，同樣的話，可能對這個人說，他很願意接受，而對另外一個人說，不但不接受，而且還產生了反感，不利於交流。所以遇到不同的人要說不同的話，「見什麼人說什麼話」，才能真正引來對方的好感。

02 好話也得看準時機說

孔子在《論語．季氏》裡說：「言未及之而言謂之躁，言及之而不言謂之隱，不見顏色而言謂之瞽。」這句話有兩層意思：一是不該說話的時候說了，叫做急躁；二是應該說話的時候卻不說，叫做隱瞞；三是不看對方的臉色變化，貿然信口開河，叫做閉著眼睛瞎說。這三種毛病都是沒有掌握說話的時機，沒有注意說話的策略和技巧。

說話是雙方的交流，不是一個人的單方面行為，它要受到各方面條件的制約，如說話對象、周邊環境、說話時間等等，所以說話要掌握時機。如果該說的時候不說，時境轉瞬即逝，便失去了成功的機會。同樣的，如不顧說話對象的心態，不注意周邊的環境氣氛，不到說話的火候卻急於搶著說，很可能引起對方的誤解。如果信口開河，亂說一通，後果就更加嚴重。所以，說話時機掌握好是相當重要的。

例如，某學校為兩位退休老教師舉行歡送會。會上，上級非常得體地讚揚了兩位的工作和為人。但是，兩相比較之下，其中那位多次獲得過「先進」的老教師得到了更多的美譽。這讓另外那位老教師感到相當難過，所以在他講完感謝的話以後，又接著說：「說到『先進』，我這輩子最遺憾的是，我到現在為止一次都沒有得過……」這時，另外一位平日裡與他不合的年輕教師突然開口說：「不，不是你不配當『先進』，是因為我們不好，我們都沒有提你的名。」一時間，原本會場上溫馨感動的氣氛被尷尬所取待。上級看氣氛不對，馬上接過話說：「其實，『先進』只是一個名義罷了，得沒得過『先進』並不重要，沒有評過『先進』，並不代表你不夠『先進』，我們最重要的還是要看事實……」這位上級本來是想要緩和一下氣氛，但是反而使局面更糟糕。

其實，會場的氣氛之所以會如此尷尬，最主要的還是退休老教師、年輕教師，以及上級們三人沒有掌握好說話的時機。就算自己心裡面有多少遺憾，這位退休老教師也不應該在歡送會這樣的場合上講出來。對於那位年輕教師，也不應該在這樣的場合上為了圖一時之快，說一些刻薄的、不近人情的話。場合出現尷尬的時候，上級也應該極力避開這個敏感話題，而不是繼續在這個話題上嘮叨不休。

所以，說話要注意時機，掌握說話時機非常重要。這個過程，我們要在不同的時間、地點、人物面前說合適的話，該說話時才說話，而且要說得體的話。只要我們有充分的耐心，積極進行準備，等待條件成熟，順理成章地表達自己的觀點，不僅能贏得對方的開心，又能令自己舒心。具體來說，可以遵循以下原則：

一、要看準時機再說話，要有耐心，積極準備，時機到了，才能把該說的話說出來。

二、沉默是金，並不是說要一味沉默不語，該說話的時候就不要故作深沉。比如，上司遇到尷尬情況了，就需要你站出來為他打圓場，同事有糾紛了，需要你開口化干戈為玉帛。

三、別人在說話的時候，不要隨意插嘴打斷人家的話。

四、看準時機說不同的話。這些話都要與當時的場合、時間、人物相吻合。

五、該說話的時候要說話，因為有時候機會轉瞬即逝，錯過這個說話的時機，也許以後就不會再有機會了。

03 得體的幽默最能取悅人心

幽默使生活充滿了情趣，哪裡有幽默，哪裡就有活躍的氛圍。在人際交往中，幽默是心靈與心靈之間快樂的天使，得體的幽默最能夠取悅人心，沒有人會不喜歡能讓自己開心的人，如果你能博得他人一笑，自然能夠營造輕鬆愉快的談話氣氛，溝通起來就容易多了。

一個禿頭者，當別人稱他「理髮不花錢，洗頭不費水」時，他當場變了臉，使原本比較輕鬆的環境變得緊張。

一位演講的教授，也是一個禿頭，他在自我介紹時說：「一位朋友稱我聰明透頂，我含笑地回答：你小看我了，我早就『聰明絕頂』了。」然後他指了指自己的頭說，「我今天演講的題目是外表美是心靈美的反映。」教授就這樣開始了自己的演講，整個會場充滿了活躍的氣氛。

同樣是禿頭，為什麼不同的人得到的卻是別人不同的認可，其間的緣故就是有沒有幽默感。禿頭的教授在自我介紹時運用自嘲的方式談自己的禿頭，繼而又把自己的禿頭和講座的主題聯繫起來，表現出隨和大度的個性，立刻活躍了氣氛。

幽默家兼鋼琴家波奇，有一次在美國密歇根州的福林特城演奏，發現聽眾不到一半，他當然很失望也很難堪，但是他走向舞臺時卻說：「福林特這個城市一定很有錢，我看到你們每個人都買了兩、三個座位的票。」於是整個大廳裡充滿了歡笑，波奇也以寥寥數語化解了尷尬的場面。

由此可見，幽默不僅反映出一個人隨和的個性，還顯示了一個人的聰明、智慧以及隨機應變的能力。生活中應用幽默，可緩解矛盾，調節情緒，促使心理處於相對平衡狀態。著名的喜劇大師卓別林曾說：「透過幽默，我們在貌似正常的現象中看出了不正常的現象，在貌似重要的事物中看出了不重要的事物。」

幽默並非天生就有，而是需要自己用心培養。那麼，怎樣培養幽默感呢？

1.首先要領會幽默的真正含義

幽默不是油腔滑調，也非嘲笑或諷刺。正如有位名人所言：浮躁難以幽默，裝腔作勢難以幽默，鑽牛角尖難以幽默，捉襟見肘難以幽默，遲鈍笨拙難以幽默，只有從容、平等待人、超脫、遊刃有餘、聰明透徹，才能幽默。

2.擴大知識面

幽默是一種智慧的表現，它必須建立在豐富的知識基礎上。一個人只有具有審時度勢的能力、廣博的知識，才能做到談資豐富，妙言成趣，進而做出恰當的比喻。因此，要培養幽默感，必須廣泛涉獵，充實自我，不斷從浩如煙海的書籍中收集幽默的浪花，從名人趣事的精華中擷取幽默的寶石。

3.陶冶情操

幽默是一種寬容精神的體現，要使自己學會幽默，就要學會寬容大度，克服斤斤計較，同時還要樂觀。樂觀與幽默是親密的朋友，生活中如果多一點趣味和輕鬆，多一點笑容和遊戲，多一份樂觀與幽默，那麼就沒有克服不了的困難，也不會出現整天愁眉苦臉、憂心忡忡的痛苦者。

4.培養敏銳的洞察力

提高觀察事物的能力，培養機智、敏捷的能力，是提高幽默的一個重要方面。只有迅速地捕捉事物的本質，以詼諧的語言做出恰當的比喻，才能使人們產生輕鬆的感覺。

當然，在幽默的同時還應注意，幽默既不是毫無意義的插科打諢，也不是沒有分寸的賣關子、耍嘴皮。幽默要在入情入理之中，做到幽默而不俗套，使幽默為人們的精神生活提供真正的養料。

04 實話要巧說，壞話要好說

在生活中，人與人之間交流是避免不了的，同時說話的雙方彼此都希望對方能對自己實話實說。但在某些特定的場合下，如顧及面子、自尊，以及出於保密等，實話實說往往會令人尷尬、傷人自尊，因此，實話是要說的，卻應該巧說。那麼該如何才能巧妙地去表達呢？如何才能說得既讓人聽了順耳，又欣然接受呢？在這裡介紹幾點，僅供參考：

1. 由此及彼肚裡明

兩個人的意見發生了分歧，如果實話「實說」直接反駁就有可能傷了和氣，影響團結。這個時候就需要我們採取這種方法，因為這樣可能會避免一些麻煩。有這樣一個例子：

一次事故中，主管生產的副廠長老馬左手指受了傷被送往醫院治療，廠長老丁來病房看望時，談到車間小吳和小齊兩個年輕人技術較強，但組織紀律觀念較差，想資遣他們。

老馬當時沒有表態，只是突然捧著手「哎喲哎喲」大叫。丁廠長忙問：「疼了吧？」老馬說：「可不是，實在太疼了，乾脆把手鋸掉算了。」老丁一聽忙說：「老馬，你是不是疼糊塗了，怎麼手指受了傷就想把手給鋸掉呢。」老馬說：「老丁，你說得很有道理我這手受了傷需要治療，那小吳和小齊……」老丁一下子聽出老馬的「弦外之音」，忙說：「老馬，謝謝你開導我，小吳和小齊的事我知道該怎麼處理了。」

老馬用手有病需要治療類比人有缺點需要改正，進而巧妙地把用人和治病結合起來，既沒因為直接反對老丁傷了和氣，而且又維護了團結，成功地解決了問題。

2. 抓心理達目的

這就是要抓住人的心理，運用激將的方法，進而達到自己真正的目的。

一位穿著華貴的婦女走進時裝店，對一套時裝很感興趣，但又覺得價格昂貴，猶豫不決。這時一位營業員走過來對她說，某某女部長剛才也看好了這套時裝，和妳一樣也覺得這件時裝有點貴，才剛剛離開……於是，這位夫人當即買下了這套時裝。

這位營業員能讓這位夫人買下時裝，是因為她很巧妙地抓住了這位夫人「自己所見與部長略同」和「部長嫌貴沒買，她要與部長攀比」的心理，用激將的方法進而巧妙地達到了讓夫人買下時裝的目的。

3. 藏而不露巧表達

運用多義詞委婉曲折地表明自己要說的大實話。

林肯當總統期間，有人向他引薦某人為閣員，因為林肯早就瞭解到該人品行不好，所以一直沒有同意。一次，朋友生氣地問他，怎麼到現在還沒結果。林肯說，我不喜歡他那副「長相」。朋友一驚道：「什麼！那你也未免太嚴厲了，『長相』是父母給的，也怨不得他呀！」林肯說：「不，一個人超過四十歲就應該對他臉上那副『長相』負責了。」朋友當即聽出了林肯的話中話，再也沒有說什麼。

很顯然，這裡林肯所說的「長相」和他朋友所說的「長相」，根本不是一回事。林肯巧妙地利用詞語的歧義性，道出了「這個人品行道德差，我不同意他做閣員」這句大實話，既維護了朋友的面子，又達到了自己的目的。

05 別人鬱悶時，多說理解的話

有一個媽媽帶著她的小寶貝出去，在火車上哄著她的寶寶。一個乘客很好奇地把頭湊過來看了就說：「哇！好醜的寶寶！」媽媽聽了好難過，就一直哭，一直哭。後來車子停到某一站，上來了一些新的乘客。有一個好心的乘客看她哭得這麼傷心，就安慰她說：「這位媽媽妳為什麼哭得這麼傷心呢？凡事都要看開點，沒有解決不了的事情嘛！好了，好了，不要再哭了。我去幫妳倒杯開水，心情放輕鬆點嘛！」過了一會兒，那個乘客真的倒了一杯水給她說：「好了，別再哭了，把這杯水喝了就會舒服點，還有這根香蕉是給妳的猴子吃的。」這位媽媽聽了，差點哭暈過去。

笑話裡面的那位好心的乘客還沒有弄清那位媽媽為什麼在哭，就隨便安慰一通，當然會牛頭不對馬嘴了。所以，首先應該知道別人鬱悶的原因，然後對症下藥，才能說出真正理解人的話，達到安慰的目的。

人與人之間情感的溝通，是交往得以維持並向更為密切方向發展的重要條件，是人對客觀事物所持態度的內心體驗。情感溝通由兩部分組成：一是「共鳴」，即對同一事物或同類事物具有相仿的態度及相仿的內心體驗；二是「振盪」，即由於「共鳴」而雙方情緒相互影響，以致達到一種比較強烈的程度。前者是找到共同語言，後者是掏出心來，心心相印。

小倩十分認真地告訴她的好朋友玉蓉，她想自殺。玉蓉不去問她為什麼，也不板起臉孔說教一番，而是說：「是啊，我曾經也有過同樣的想法，但是那天發生的一件事，使我看到了人為什麼要勇敢地活下去……」

說完後，小倩談起了她的煩惱與苦悶。玉蓉邊聽邊點頭，表示理解和關注。後來小倩放棄了自殺的想法，她和玉蓉的友誼也愈來愈深了。

要想與人進行情感溝通，就要注意對方。當對方對某一事物表露出一種情感傾向時，你就要對他所說的這件事表達同樣的感受。情感溝通的程度，以每當回憶起這段交往時，所導致的興奮程度為標準。比如，當你讀到友人來信中的下面這段話，你倆的感情就絕不會變得冷漠。「不知怎的，你在上次談論中的一舉一動、一言一語都給我留下深刻的印象。我很高興與你一起度過了那個下午……」當對方常常聯想到這段交往時，就伴著愉悅的心境，則這種溝通也就達到了。有許多女性被朋友冠以「知心人」的美名，但凡朋友有心煩之事鬱悶沮喪時都會找她們聊天，常常一聊就是一兩個小時，聊過之後心情便好了很多。她們沒有學過心理學，也沒有受過什麼專門的訓練，之所以能夠撫慰失意者的心，祕密就在於她們總是試著理解對方的想法和處境，並作出「同感」的回應，她們從來不會說：「你怎麼會這麼做」、「你真是太傻了」，而是表示自己有時也會有這種想法、這種狀態很正常等等，因此，對方就能毫無顧忌地說出自己的心事，進而得到解脫和安慰。

有一句話叫「理解萬歲」。我們在自己碰到鬱悶事情的時候希望別人的理解，而在別人鬱悶的時候經常不能理解對方的心情，不能發自肺腑地說出理解的話。其實如果設身處地想想，別人和自己是一樣的，自己希望別人理解，別人又何嘗不是？多說理解的話，別人就會把你當成真心朋友，讚賞你，信任你，把你當成知己。當別人遭遇不順、心情煩悶時，最好多說一些理解的話，儘管可能無法幫對方解決問題，你的理解也能讓對方感到安慰。因為發自內心的「同感」不是違心的附和，而是朋友間的理解，是心靈的溝通。

06 繞個圈子再說「不」

身邊常有這樣的人，一味地照顧別人的感受，凡事都習慣於說「Yes」，經常給別人面子，認為那是一種對別人的尊重。然而，他們沒有意識到，自己的基本拒絕的權利卻沒有得到別人的尊重。聰明的女人應該學會如何果斷而尊重地拒絕。

在日常生活中，熱情幫助別人，對別人的困難有求必應，當然有助於建立融洽的人際關係。但生活中也常有這樣的事，即別人有求於你的，恰好是你感到為難的事。幫忙吧，自己確實有難處，不幫忙，又怕人家說你的閒話。

還有的時候，你必須對別人的提問進行回答，一般說來，肯定的、合乎對方期望的回答往往能使聽者感到愉快，而否定的回答，尤其是直截了當地說「不」，則會使提問者感到失望和尷尬。拒絕就意味著將對方阻擋在門外，拂卻了對方的一片「好意」，說「不」真的需要很大的勇氣。

所以，拒絕別人也有一定的方法，說出來的話要能讓對方接受，這樣彼此之間的關係才不會受到影響。拒絕是一門藝術，一門學問，能體現一個人的綜合素養。當別人對你有所希求而你辦不到，不得已要拒絕的時候，你最好用婉言拒絕的方式。所謂婉言拒絕就是用溫和曲折的語言，把拒絕的本意表達出來。與直接拒絕相比，它更容易被接受。它在更大程度上，顧全了被拒絕者的顏面。

拒絕他人的一個好辦法就是在對方提出請求後，不要馬上回答，而是先講一些理由誘使對方自我否定，自動放棄原來提出的請求，以減少對方遭到拒絕後的不快。

例如，兩個打工的老鄉找到城裡工作的李某，訴說打工的艱難，一再說旅館住不起，租房又沒有合適的，言外之意是想要借宿。李某聽後馬上暗示說：「是啊，城裡比不了咱們鄉下，房子坪數都很小，就拿我家來說吧，這麼兩間房間，住著三代人，我那上高中的兒子晚上只能睡沙發。你們大老遠地來看我，不該留你們在我家好好地住上幾天嗎？可是沒辦法啊！」兩位老鄉聽後，就非常知趣地走開了。

拒絕別人是一件很難的事，如果處理得不好，很容易就會影響彼此的關係，所以在拒絕別人的時候要一定要繞個圈子說出你的「不」。喜劇大師卓別林就曾說過一句話：「學會說『不』吧！」學會有藝術地說「不」，才是真正掌握了說話的藝術。

當你不得不拒絕別人時，也要講究禮貌，這對於你的形象是大有益處的。人都是有自尊心的，一個人有求於別人時，往往都帶著惴惴不安的心理，如果一開口就說「不行」，勢必會傷害對方的自尊心，引起對方強烈的反感，而如果話語中讓他感覺到「不」的意思，進而委婉地拒絕對方，就能夠收到良好的效果。所以掌握好說「不」的分寸和技巧就顯得很有必要。

一、透過幽默的話拒絕別人，適當地在拒絕別人的時候加入一些調笑劑，不僅能不讓對方難堪，而且你自己心裡也不會有太多的壓力和內疚。

二、推託其辭。例如你的一位同事請你到他家裡吃飯，以便要你幫他做某事，你不便直接說「不」，就可找個理由推辭過去。你可說家裡或公司有事，因此不能去。這時，別人一般就會明白你什麼意思了。

三、用答非所問的方式，婉拒對方的建議，使對方一聽就知道你不想答應他的要求。如果你的一位朋友邀請你星期天去看電影，你不想去時可以說：「划船比較好，我們去公園划船吧。」

四、拖延回答。例如你一位朋友對你說：「你今晚到我這來玩吧！」你不想去時可以說：「今天恐怕不行了，改天我一定會去的。」這樣的話聽起來比「沒空，去不了」的回答，顯然易於為對方所接受，至於下次什麼時候來，其實也並沒說清楚。

五、先揚後抑。對於別人的一些想法和要求，可以先用肯定的口氣表示讚賞，再來表達你的拒絕。這樣不會傷害對方的感情，也為自己留下一條後路。

07 適當的隨聲附和，讓交流更順暢

每個人都希望自己所說的話得到他人的重視，希望別人對自己的話感興趣，這是人們的一種普遍心理，如果在談話中，總是得不到對方的回應，定會感到失落和無趣。因此，我們在與人交流時，不但要懂得耐心地傾聽，更要學會適當地隨聲附和，恰當的附和說明你沒有走神，一直在用心聽對方說話，表達了你對說話者觀點的讚賞，還對他暗含鼓勵之意，這樣雙方的談話便會進行得更加順暢。

例如，當你對他的話表示贊同的時候，你可以說：「你說得太好了！」「非常正確！」「這確實讓人生氣！」這些簡潔的附和讓說話者為想釋放的情感找到了載體，表明了你對他的理解和支持。同時，聽者還可以用一些簡短的語句將說者想傳達的中心話題歸納一下，能夠使說者的思想得以凸顯和昇華，同時也能提高聽者的位置。

當然，我們還可以向說話者提一些問題。這些提問既能表明你對說話者話題的關注，又能使說者更願意說出欲說無由的得意之言，也更願意與你進一步交流。

一位老教授與門下的五名學生閒聊著自己當年讀研究所時候的雜事，說：「你們現在的生活可真豐富，校園內有體育館，校園外有遊樂園。我當年在你們這個階段，生活的世界裡只有課堂、圖書館和宿舍。」

學生們微微一笑，導師繼續說道：「不過，那個時候精力都用在讀書上也好，做科學研究，基礎知識不扎實就無法談及創新。還記得我的一個課題是關於高山地質變遷的問題，當時我不僅要查自然地理方面的書，還要查很多地質演變與生物演化方面的書。當時科學根本沒有現在這麼發達，哪裡有什麼電腦、文獻電子稿啊，完全依靠圖書館裡紙質的資料，可比你們現在做項目難多嘍！」

說著，教授停頓了下來，拿起茶杯飲了兩口。這時，其中一個專心傾聽的學生禮貌地問道：「老師，您當年的研究方向是高山的地質變遷問題，但參考資料卻涉及區域內的生物演化，當時是不是很少有人將這兩個角度結合考慮？」

聽完，教授會心一笑地看了看這位「好問」的學生，然後得意地說道：「很多時候，沒人想到的地方你想到了，才會有意外的收穫，才能夠創新。不信，我們來舉個現在的例子，就說說你現在的課題吧！」接著，教授在得意於自己創意思考的同時，更為那名巧妙提問的學生進行了很有創意的課題指導，而那四名只知道聽的學生，卻沒得到教授的專門指導。

不僅如此，附和地傾聽本身還是一種讚美。它能使我們更好地理解別人，有助於克服彼此間判斷上的傾向性，有利於改善交往關係。在傾聽別人談話時，你已經把你的心呈現給對方，讓對方感受到了你的真誠。我們去傾聽別人的時候，也就是我們設身處地理解他們的幸福、痛苦與歡樂的時候，使我們能夠把對方的優點和缺點看得更清楚。而這些結論再透過我們有效的附和來傳達到對方心裡，這才能算是一次完美的交流。

認真傾聽並在適當時間附和也有利於對方更好地表達自己的思想和情感。在對方明白我們的傾聽是對他的尊重以後，他同樣會認真地聽我們說話，這樣大家彼此交流才能產生良好效果。所以在與人交流時，你若想討對方歡心，想把交流愉快地延續下去，請不要只是傻傻地傾聽，要學著適時地附和。

08 多說「我們」，把對方拉成自己人

新婚燕爾，新娘對新郎說：「從此以後，就不能說『你的』，『我的』，要說『我們的』。」

新郎點頭稱是，一會兒，新娘問新郎：「親愛的，我們今天去哪兒啊？」

新郎說：「去我表姐家。」

新娘不開心了，糾正說：「是去我們表姐家。」

新郎去洗手間，很久了還不出來。新娘問：「親愛的，你在裡面幹嘛呢？」

新郎答道：「我在刮我們的鬍子。」

這雖然是一則笑話，可是它體現了一個問題，即「我們」這個詞可以造成彼此間的共同意識，拉近雙方的距離，對促進人際關係將會有很大的幫助。

曾經有一位心理學家做了一項有名的實驗，就是選編了三個小團體，並且分派三人飾演專制型、放任型、民主型的三位領導人，然後對這三個團體進行

意識調查。結果，民主型領導人所帶領的這個團體表現了強烈的同伴意識。而其中最有趣的就是這個團體中的成員大都使用「我們」一詞來說話。

經常聽演講的人，大概都有這樣的經驗，就是演講者說「我這麼想」不如說「我們是否應該這樣」更能使你覺得和對方的距離很近。因為「我們」這個詞，也就是要表現「你也參與其中」的意思，所以會令對方心中產生一種參與意識，按照心理學的說法，這種情形是「捲入效果」。

小孩子在玩耍時，經常會說「這是我的東西」或「我要這樣做」，這種說法是由於小孩子的自我顯示欲直接表現所造成的。有時在成人世界裡，也會出現如此說法，然而這種人不僅無法令對方有好印象，可能在人際關係方面也會受阻，甚至在自己所屬的團體中形成被孤立的局面。

人心是很微妙的，同樣是與人交談，有的說話方式會令對方反感，而有的說話方式卻會令對方不由自主地產生妥協。事實上，我們在聽別人說話時，對方說「我」，「我認為」帶給我們的感受，將遠不如他採用「我們」的說法，因為採用「我們」這種說法，可以讓人產生團結意識。

「我」在英文裡是最小的字母，千萬別把它變成你詞彙中最大的字。一次公司年會上，有位先生在講話的前三分鐘內，一共用了六個「我」，他不是說「我」，就是說「我的」，如「我的公司」、「我的花園」等。隨後一位熟人走上前去對他說：「真遺憾，你失去了你的所有員工。」

那個人怔了怔說：「我失去了所有員工？沒有呀，他們都好好地在公司上班呢！」

「哦，難道你的這些員工與公司沒有任何關係嗎？」

亨利．福特二世描述令人厭煩的行為時說：「一個滿嘴『我』的人，一個獨佔『我』字、隨時隨地說『我』的人，是一個不受歡迎的人。」

在人際交往中，「我」字講得太多並過分強調，會給人突出自我、標榜自我的印象，這會在對方與你之間築起一道防線，影響別人對你的認同。因此，會說話的人，在語言傳播中總會避開「我」字，而用「我們」開頭。下面的幾點建議可供你參考：

1. 儘量用「我們」代替「我」

很多情況下，你可以用「我們」一詞代替「我」，這可以縮短你和大家的心理距離，促進彼此之間的感情交流。例如：「我建議，今天下午……」可以改成：「今天下午，我們……好嗎？」

2. 這樣說話時應用「我們」開頭

在員工大會上，你想說：「我最近做過一項調查，我發現四十%的員工對公司有不滿的情緒，我認為這些不滿情緒……」如果你將上面這段話的三個「我」字轉化成「我們」，效果就會大不一樣。說「我」有時只能代表你一個人，而說「我們」代表的是公司，代表的是大家，員工們自然容易接受。

3. 非得用「我」字時，以平緩的語調講

不可避免地要講到「我」時，你要做到語氣平和，既不把「我」讀成重音，也不把語音拖長。同時，目光不要逼人，表情不要眉飛色舞，神態不要得意洋洋，你要把表述的重點放在事件的客觀敘述上，不要突出做事的「我」，以免使聽者覺得你自認為高人一等，覺得你在吹噓自己。

09 「不知道」是討人喜歡的三字經

心理學家邦雅曼・埃維特曾指出，平時動不動就說「我知道」的人，頭腦遲鈍，易受約束，不善與他人交往。

迅速和現成的回答，表現的是一種一成不變的老一套思想；而敢於說「不知道」所顯示的則是一種富有想像力和創造性的精神。埃維特還說，「如果我們承認對這個或那個問題也需要思索或老實地承認自己的無知，那麼我們自己的生活方式就會大大地改善。」這就是他竭力宣導的態度和人們可以從中得到的益處。

古希臘著名哲學家蘇格拉底講過，「就我來說，我所知道的一切，就是我什麼也不知道」，以最簡潔的形式表達了進一步開闊視野的理想姿態。

可以說，至今仍有很多人信奉蘇氏這句名言。無論你多麼偉大，無論你多麼有才能，你也有你不知道的地方，說不知道並不是就意味著你無能，反而在勇敢承認的同時你獲得了更多的稱讚。

有一位學問高深、年近八旬的老婦人。她原是大學教授，會講五種語言，讀書很多，語彙豐富，記憶過人，而且還經常旅行，可以稱得上是見多識廣。然而，人們從未聽到過她賣弄自己的學識或對自己不瞭解的事情假稱通曉。遇到疑難時，她從不迴避說：「我不知道。」也不用自己的知識去搪塞，而是建議去查閱有關專著、資料，以做參考。看到老人的這一切，每個跟她接觸的人才真正懂得了怎樣才能被別人敬重，怎樣才能獲得做人的尊嚴。

其實，在任何國際學術會議的場合中，如果你有注意的話，就會瞭解雖然開會的屋子裡坐滿了國際知名的科學家，但大家使用最頻繁的一句話便是「我不知道」，或者是比較文縐縐的「在本項研究主題中，我們沒有足夠證據可得出任何可靠的結論」。

從事任何一種職業的聰明人，都有勇氣承認，「沒有人知道一切事情」的這個事實。他們常常說自己不知道，隨後就去尋找他們所欠缺的知識。承認自己不知道無損於他們的自尊；對於他們來說，「不知道」是一種動力，並不是說出來就大失面子的話語，因為自己的「不知道」，反而會促使他們去進一步瞭解情況，求得更多的知識。

做人就要敢於坦誠地承認自己的不足和不知道，不要為了面子，強把自己說成是「萬事通」，讓自己真正的大失顏面。要知道，知識是從「不知道」裡面去爭取的，而不是從你說「知道」裡面去欺騙得來的。

社交0距離

說話高手 實戰手冊

Chapter 4

抓住對方心理，讓他樂意聽你的

01 先讚美後說服，滿足對方自尊心

要說服一個人，最好先把他抬高，給他一個超乎事實的美名，就像用「灰姑娘」故事裡的仙棒，點在她身上，會使她從頭至腳煥然一新。對於那些地位顯赫、有權有勢的人，想要說服他，更要學會先抬高後說服的策略。

古代，有位宰相請理髮師給他修面。那理髮師修面修到一半時，忽然停下刮刀，兩眼直愣愣地看著宰相的肚皮。

宰相見理髮師傻乎乎發愣的樣子，心裡很納悶：這平平板板的肚皮有什麼好看呢？就問道：「你不修面，卻看我肚皮，這是為什麼呢？」

「聽人們說，宰相肚裡能撐船，我看大人您的肚皮並不大，怎麼可能撐船呢？」

宰相一聽，哈哈大笑。

「那是講宰相的度量十分大，能容天容地容古今，對雞毛蒜皮的小事從不

斤斤計較。」

理髮師一聽這話，「碰」一聲跪倒在地，哭著說：「小人該死，方才修面時不小心將大人您的眉毛刮掉了，萬望大人大德大量，恕小的一罪！」

宰相聽說自己的眉毛被刮了，不禁怒從心起，正想發作，轉念一想：剛才自己還講宰相的度量很大，我又怎好為這小事給他治罪呢？於是，只好說：「無妨，用眉筆把眉添上就行了。」

聰明的理髮師以曲折迂迴之法，層層誘導宰相進入自己早已設定的能進難退的「布袋」中，避免了一場駕臨頭上的災難。

你若要在某方面去改變一個人，就把他看成他已經有了這種傑出的特質。莎士比亞曾說：「假如他沒有一種德行，就假裝他有吧！」給他們一個好的名聲來作為努力的方向，他們就會不計前嫌，努力向上，而不願看到你的希望破滅。

生活中，難免會遇見親朋好友為了某些事而發生衝突，這時候，女人往往需要出面調解做和事佬。但是，和事佬並不好做，這是個兩邊不討好的差事，如果沒有比較高超的語言技巧，往往會讓自己陷進去，成為一方甚至雙方攻擊的對象。

但是衝突總得有人調解，或許這個人就是自己，那該怎麼辦呢？俗話說：「一個巴掌拍不響。」在雙方接受自己來進行調解之後，可以考慮抬高一方，讓其主動退出爭執，另一方沒了衝突對象，糾紛自然化解了。

讓當事人為顧全面子而退出爭執。對一方當事人進行誇獎，講述他曾經有過的可引以為自豪的事情，喚起他的榮譽感，使之為了保全榮譽感和面子，主動退出爭執。這種方式對於絕大多數受過良好教育的人都非常有效，因為榮譽和顏面往往是他們很看重的，是他們約束自己的動力。

小王與小劉是學校新來的兩位年輕教師，小王心細，考慮事情周到；小劉性情魯莽，但業務能力強。兩人因一件小事發生爭執，小王說不過小劉，並且被小劉訓了一頓，覺得非常委屈，就去找年級主任訴苦。

主任說：「小王啊，你脾氣好，辦事周到，大家都很欣賞。你是個細緻的人，小劉是個急性子，脾氣上來了連自己說了什麼都不知道。你怎麼能和他計較呢？你一向都非常注意團結同事、不感情用事的，怎麼能為了這麼點事情就覺得委屈呢？」一番話說得小王心裡又甜又酸，從此不再與小劉爭執了。

事例中主任就是巧妙地運用了抬高一方的方法。他先誇獎小王，然後強調兩人之間的差距，讓聽話者的一方受到讚揚，進而輕易化解了兩人之間的衝突。不過，這個調解辦法在使用時必須注意不可傷害到另一方的自尊，你對一方的「抬高」最好不要當著另一方的面說，否則會事倍功半，收效不佳。

另外，跟當事人說一件很重要的事，讓他感覺到自己的地位及價值的存在，進而讓他退出爭執，也是一種不錯的方法技巧。衝突之所以持續，往往是一種非理性情緒支配的結果。所以，如果在調解衝突時，提出一件足以喚起一方理性思考的事情，轉移其注意力，往往也能達到讓一方退出爭執、化解衝突的目的。

人人都希望別人贊同自己而不是事事屈服於別人，被別人說服意味著對方比自己強，因此被說服的人大多是不太愉快的，很多人固執己見常常是因為放不下面子，因此說服之前抬高對方，先滿足對方的自尊心和虛榮心，把對方捧得高高在上，再提出建議，他便不會覺得受了輕視和傷害，說服自然更加容易。

02 站在對方的立場説話，更容易被接受

當我們和別人商談什麼事情時，我們習慣將自己的想法和意見強加給別人，而沒有站在對方的立場仔細想想，這種說話方式其實是有礙溝通的。如果單純從自己的角度出發，說：我認為、我想……可能無法引起對方的興趣，甚至會反問你「這與我有什麼關係」。所以，當你希望說服對方配合或者為你辦什麼事時，首先應該從對方的角度出發，提出對他有利的條件或利益，這樣你的意見才更容易被對方接受。

勸說別人時，站在對方立場上，才能讓別人聽著順耳，覺得舒服。站在對方立場上，設身處地地想，設身處地地說。如此，不僅能使他人快樂，也能使自己快樂。站在對方的立場考慮問題，你會發現，你跟他有了共同語言，他所思所想、所喜所惡，都變得可以理解甚至顯得可愛。在各種交往中，你都可以從容應對，要麼伸出理解的援手，要麼防範對方的惡招。許多人不懂得如何站

在對方立場上思考和說話，這是導致很多事情無法成功的一大原因。

站在他人的立場上說話，能給他人一種為他著想的感覺，這種投其所好的技巧常常具有極強的說服力。要做到這一點，「知己知彼」十分重要，唯先知彼，而後方能從對方立場上考慮問題。成功的人際交往語言，有賴於發現對方的真實需要，並且在實現自我目標的同時給對方指出一條可行的路徑。

劇場門前有一位年近六旬的老太太擺著一個小攤，賣瓜子、花生之類的小食品。某日要檢查衛生，劇場管理員小王要老太婆迴避一下，說：「老太太，快把攤子挪走，今天這裡不可以賣東西。」

「昨天可以賣，今天不可以賣，世道變了嗎？」

「世道沒有變，是檢查人員要來了。」

「檢查人員來了就不可以賣東西？那檢查人員來了還可不可以吃飯？」

「檢查人員來了，地面不乾淨是會罰錢的。」小王加重了語氣。

「那地面不乾淨關我什麼事！」

小王無言以對，悻悻而退。

管理自行車的老劉師傅隨後走了過來，說道：「老太太，妳這麼一把年紀，從早到晚又能賺幾個錢呢？檢查人員來了，要是真罰妳一筆，妳有時間找他們打官司嗎？再說，檢查人員不會天天來，但飯可是要天天吃，生意可是要天天做的啊。」

「好，我這就挪走。」老太婆邊說邊笑地把攤子挪走了。

管理員小王之所以勸阻不成反討沒趣，是因為他只一味地講抽象的大道理，卻沒有站在老太太的角度上耐心地幫助她分析利弊。而老劉師傅就懂得這一點，他從老太太的切身利益出發，向她指出了只考慮眼前的小利而不顧長遠利益的不良後果，使她真正認識到了自己固執行為的不明智，於是心服口服地接受了規勸。

一個人最大的痛苦之一就是沒人理解，如果我們能站在他的立場上說話，那對於他來說是一種莫大的幸福。要想把事情辦好，最好的辦法就是讓對方感動，而站在對方的立場上說話無疑是不錯的方法。

也許你會質疑：「站在對方的立場上說來容易，實際要做的時候卻很難。」沒錯，站在對方立場來說話確實不容易，但卻不是不可能，許多人都能做到這一點。因為若不如此做，談話成功的希望就可能是很小的。說服高手都善於揣

Chapter 4
抓住對方心理，讓他樂意聽你的

摩對方的心理，儘量從他人的角度來設想，並且樂此不疲。

俗話說「打蛇打七寸」，蛇雖然移動迅速、靈活兇猛，但也有自己最脆弱的地方，擊中要害便能將其制服。說服別人就像「打蛇打七寸」一樣，抓住對方切身利益的得失，會使他的心弦受到顫動，促使他深入思考，進而做出改變。

03 說服沒有主見的人：「大家的意見都是這樣」

我們身邊有這樣一些人，凡事沒有主見，做決定的時候總是猶猶豫豫，但別人的意見他也聽不進去，總是拿不定主意。這樣的人總是考慮得太多，過分計較得失，因此也不太好說服。其實，這類人也有死穴，那就是從眾心理，在他們看來，既然各種選擇都有利弊，那麼大多數人的選擇總是最保險的，就算最後錯了，也是大家一起吃虧。因此，說服這類沒有主見的人，就要用「大家的意見都是這樣」。

有心理學家曾做過這樣一個實驗：讓五個人圍坐著一張桌子，實驗者請他們判斷線段的長度。每次呈現一組卡片，每組包括兩張，一張卡片上有一條垂直線段，稱為標準線段；另一張卡片上有三條垂直線段，其中一條與標準線段一樣長，另外兩條要麼長了許多，要麼短了許多，要求大學生們把那條與標準線段等長的線段挑出來。按理論，每個人都可以輕易地做出正確無誤的選擇。

當第一組兩張卡片呈現後，每個人依次大聲地說出了自己的判斷，所有人意見一致，都做出了正確的選擇。然後再呈現第二組，大家又都做了正確的一致回答。就在大家覺得實驗單調而無意義時，第三組卡片呈現了，第一位被試者在認真地觀察這些線段後，卻做出了顯然是錯誤的選擇，接著第二、三、四位被試者也做了同樣錯誤的回答。輪到第五位被試者，他感到很為難，左右看看，因為他的感官清楚地告訴他別人都是錯的，最後，他終於小聲地說出了與別人相同的錯誤選擇。

其實，這個實驗是事先安排好的，前四名被試者其實都是實驗者的助手，他們按照事先安排好的程式進行正確或錯誤的選擇，而只有第五位被試者不知道這一情況，是真正的被試者。

參加實驗的真被試者是具有良好視力及敏銳思維能力的大學生，並且從表面上看，他們可以任意地做出想做的反應，而實質上，也明確要求他們做出他們自己認為是正確的反應。但是，當絕大多數人都做出同樣的反應時，個人就有強烈的動機去贊同群體其他成員的意見，因此有三十五%的被試者拒絕了自己感官得來的證據，而做出了同大多數人一樣錯誤的選擇，這就是心理學上所說的從眾行為。

當個人的感覺與群體中的大多數人不一致時，個體為了使自己不被人認為「標新立異」，常常會放棄自己的看法而接受大多數人的判斷。所以，當我們在說服別人遇到困難的時候不妨說一句「大家的意見都是這樣的」，那麼這個人可能就會改變自己的看法而接受你的建議。

社會總是會有大規模的從眾行為，似乎每個人都要參考周圍的人的行為來決定自己應該做些什麼，似乎沒有人自己可以確定自己的主見，就像如今流行的鋼琴熱、外語熱、瑜伽熱等，似乎大家在接受什麼，自己也要接受什麼，恰好，我們可以利用周圍人的行為來影響或制約別人，這也不失為一種說服其他人的技巧和方法。

04 利用逆反心理，說服個性倔強的人

「請不要先閱讀第七章第七節的內容。」這是一個作家寫在其著作扉頁上的一句饒有趣味的話。後來，這個作家做了一個調查，不由得笑了，因為他發現絕大部分的讀者都是從第七章第七節開始讀他的著作，而這就是他寫那句話的真正目的。

當別人告訴你「不准看」時，你就偏偏要看，這就是一種「逆反心理」。逆反心理是人們彼此之間為了維護自尊，而對對方的要求採取相反的態度和言行的一種心理狀態。在日常生活中，常會有「不受教」、「不聽話」，與別人「硬碰硬」、「對著幹」的事情出現。人們常常透過這種與常理背道而馳的行為，來顯示自己的「高明」和「非凡」，來抗拒和擺脫某種約束，或者來滿足自己的好奇心、佔有欲。這種欲望被禁止的程度愈強烈，它所產生的抗拒心理也就愈大。所以如果能善於利用這種心理傾向，不僅可以將頑固的反對者軟化，

使其固執的態度發生一百八十度的大轉變；而且可以打破對手原有的意念，讓他按你的意思去辦。

據說明朝時，四川的楊升庵才學出眾，中過狀元。因嘲諷過皇帝，所以皇帝要把他充軍到很遠的地方去。朝中的那些奸臣更是趁機公報私仇，向皇帝建議，把楊升庵充軍海外或是玉門關外。

楊升庵想：充軍還是離家鄉近一些好。但是皇帝對他懷恨在心，如果直接提要求，肯定得不到應允。於是就對皇帝說：「皇上要把我充軍，我也沒話建議。不過，我有一個要求。」

「什麼要求？」

「寧去國外三千里，不去雲南碧雞關。」

「為什麼？」

「皇上不知，碧雞關呀，蚊子有四兩，跳蚤有半斤！切莫把我充軍到碧雞關呀！」

「唔……」

皇帝不再說話，心想：哼！你怕到碧雞關，我偏要叫你去碧雞關！楊升庵剛出皇宮，皇上馬上下旨：楊升庵充軍雲南！

楊升庵利用「對著幹」的心理，粉碎了奸臣的打算，達到了自己要去雲南的目的。

逆反心理可以造成這樣的一種心理結果，即你越是制止人們的某種行為，他們越是想要這樣去做；如果你堅持採取某種行動，結果卻會使對方採取相反的行動。利用這種心理效果，我們可以設下一個小陷阱，刺激對方的逆反心理，使其主動地鑽進來，以達到改變人們某種行為的目的。可見，巧妙地利用別人的逆反心理是可以有效地改變其行為的，我們要善於利用這一點，學會對人們進行善意的規勸和說服。

無論男性女性，長者幼小，他們內心多多少少都帶有一些逆反心理，只要我們善於抓住那一根「反骨」，輕輕一扭，就連皇帝也會按照你的意思去辦。這的確不失為一種省心省力又奏效的說服方法。

05 巧用好奇心影響他人行為

每個人都天生有一種獵奇心理，對那些新鮮事物或傳聞有強烈的好奇心，越是自己不知道的事物就越有興趣去瞭解，也就是說，好奇心是一種強大的推動力，能夠在無形中調動一個人的積極性，誘導人們行動。因此，我們在與人交往的過程中，要學會洞察他人的這種獵奇心理，充分利用別人的好奇心來影響對方的行為，這樣做有時比直接勸說更有效。

一個工頭，他常常堅持反對一切改進的計畫。李工程師想換裝一個新式的指數表，但他想到那個工頭必定要反對，於是李工程師去找他，腋下挾著一個新式的指數表，手裡拿著一些要徵求他的意見的文件。

當大家討論著關於這些檔案中的事情時，李工程師把那指數表從左腋下移動了好幾次，工頭終於先開口了：「你拿著什麼東西？」李工程師漠然地說：「哦，這個嗎？這不過是一個指數表。」工頭說：「讓我看看。」李工程師說：

「哦，你不用看啦。」並假裝要走開的樣子，並說：「這是給別的部門用的，你們部門用不到這東西。」工頭又說：「我很想看一看。」當他審視的時候，李工程師就隨便但又「非常詳盡」地把這東西的效用講給他聽。工頭終於喊起來：「我們部門用不到這東西嗎？它正是我想要的呢！」

李工程師故意這樣做，果然很巧妙地把工頭說動了。通常情況下，這位剛愎自用的工頭是不會輕易按照別人說的去做，而李工程師之所以能夠輕而易舉地讓工頭使用新式的指數表，正是利用了他的好奇心，裝作一副故意不讓對方知道的樣子，引起對方的注意，而李工程師越是說這個東西用不著，工頭便越是好奇越要探個究竟，之後便可順水推舟達到目的。

每個人都有好奇心，因為好奇而想要瞭解某些事物。當這些事物被禁止時，最容易引起人們強烈的好奇心和求知欲。特別是只做出禁止而又不解釋禁止原因的時候，反而更加激發了人們的逆反心理，使人們更加迫切地想要瞭解該事物。因此，你越是禁止，對方越是想知道，形成一種相對的局面。所以，我們不妨在適當的時候迎合他人的好奇心，讓別人跟著你的思路走。

06 巧妙提問，讓對方只能答「是」

在溝通心理學上有一個重要的「六＋一」法則，用來說明這樣一種現象：一個人在被連續問到六個做肯定回答的問題之後，那麼第七個問題他也會習慣性地做肯定回答；而如果前面六個問題都做否定回答，第七個問題也會習慣性地做否定回答，這是人腦的思維習慣。利用這個法則，你如果需要引導對方的思路，希望對方順從你的想法，你可以預先設計好六個非常簡單、容易讓對方點頭說「是」的問題，先問這六個問題作為鋪墊，最後再問一個最重要和關鍵的問題，這樣對方往往會自然地點頭說「是」。

日本有個聰明絕頂的小和尚，他的名字可謂家喻戶曉：一休。有一次，大將軍足利義滿把自己最喜愛的一只龍目茶碗暫時寄放在安國寺，沒想到被一休不小心打碎了。就在這時，足利義滿派人來取龍目茶碗。大家頓時大驚失色，不知所措，茶碗已被一休打碎，拿什麼去還呢？

一休道：「不必擔心，我去見大將軍，讓我來應付他吧！」

一休對將軍說：「有生命的東西到最後一定會死，對不對？」

足利義滿回答：「是。」

一休又說道：「世界上一切有形的東西，最後都會破碎消失，是不是？」

足利義滿回答：「是。」

一休接著說：「這種破碎消失，誰也無法阻止是不是？」

足利義滿還是回答：「是。」

一休和尚聽了足利義滿的回答，露出一副很無辜的神情接著說：「義滿大人，您最心愛的龍目茶碗破碎了，我們無法阻止，請您原諒。」

足利義滿已經連著回答了幾個「是」，所以他也知道此事不宜再嚴加追究了，一休和尚和外鑒法師便這樣安然地渡過了這一難關。

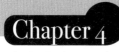

可見，在說服中，可以先巧設陷阱，在對方沒有防備的情況下，誘其說「是」。讓對方多說「是」的好處就是使對方在不知不覺中一步步墜入圈套，這時候你便牽住了他的「牛鼻子」，對方於是不得不就範。

一個人的思維是有慣性的，當你朝某一個方向思考問題時，你就會傾向於一直考慮下去，這也就是為什麼有些人一旦沉醉於某些消極的想法之後，就一直難以自拔的道理。在人際交往中我們應懂得並善於運用這一原理來對他人進行善意的說服。

詹姆斯·艾伯森是格林尼治儲蓄銀行的一名出納，他就是採取了誘導對方不得不說「是」的辦法挽回了一位差點失去的顧客。

「有個年輕人走進來要開個戶頭，」艾伯森先生說道，「我遞給他幾份表格讓他填寫，但他斷然拒絕填寫有些方面的資料。」

「在我沒有學習人際關係課程以前，我一定會告訴這個客戶，假如他拒絕向銀行提供一份完整的個人資料，我們是很難讓他開戶的。但今天早上，我突然想，最好不要談及銀行需要什麼，而是顧客需要什麼，所以我決定一開始就先誘使他回答『是，是的』。於是，我先同意他的觀點，告訴他，那些他所拒絕回答的資料，其實並不是非寫不可。但是，假定你碰到意外，是不是願意銀行把錢轉給你所指定的親人？」

「是的，當然願意。」他回答。

「那麼，你是不是認為應該把這位親人的名字告訴我們，以便我們屆時可以依照你的意思處理，而不致出錯或拖延？」

「是的。」他再度回答。

年輕人的態度已經緩和下來，知道這些資料並非僅為銀行而留，而是為了他個人的利益。所以，最後他不僅填寫了所有資料，而且在我的建議下，開了一個信託帳戶，指定他母親為法定受益人。當然，他也回答了所有與他母親有關的資料。

很多人先在內心製造出否定的情況，卻又要求對方說「是」、表現出肯定的態度，這樣做是不可能讓對方點頭的。假如你要使對方說「是」，最好的方法是製造出他可以說「是」的氣氛，然後慢慢誘導他，讓他相信你的話，他就會像是被催眠般地說出「是」。由於一開始就讓他回答「是，是的」，這樣反而使他忘了原本存在的問題，而高高興興地去做你建議的所有事情。換句話說，你不要製造出他可以表示否定態度的機會，一定要創造出他會說「是」的肯定氣氛。

07 激將有法，請君入甕

俗話說：「請將不如激將。」勸說別人時，可以利用對方的情感心理，採用激將法。為了讓對方動搖或改變原來的立場和態度，利用一些略帶貶損意義的、不太公正的話給對方罩上一頂「帽子」，而對方一旦被罩上這頂帽子，就會激起一種極力維護自我良好形象的欲望，進而用語言或行動表明自己不是這樣，自動地去改變原來的立場和態度。

使用激將法往往能夠使對方感情衝動，進而去做一些他在平常情況下可能不會去做的事。激將者可以激起對方的憤怒感、羞恥感、自尊感、嫉妒感或羨慕感，等等，這樣，對方在激動之中來不及考慮太多就答應下來，所以，激將得當可使你在勸說時起到「請君入甕」的效果。巧言激將，一定要根據不同的交談對象，採用不同的激將方法，才能收到滿意效果。猶如治病，對症下藥才有療效。激將法一般有以下三種類型：

1. 利用對方的自尊來「激將」

面對面直截了當地貶低對方，刺激他，羞辱他，激怒他，以達到使其「跳起來」的目的。

某廠改革用人制度，決定對中層幹部招賢。大家都看好能力技術俱佳的技術員小李。然而，由於某種原因，小李一直猶豫不決沒有動作。一位老大姐找到他，直言相激：「小李，你不是大學的高才生嗎？大家都巴望著你能有出息呢！沒想到，你連個車間主任的位子都不敢接，真是個太窩囊了！」

「我窩囊？」話音未落，小李就跳了起來。後來勇敢去爭取出任車間主任的機會。

2. 抓住對方的痛處來「激將」

激，確切地說，就是要從道義的角度去激對方，讓對方感到不再是願不願意去做，而是應該、必須去做。戳到對方痛處，能激發對方辦事的巨大力量。

丹丹想讓媽媽給她買一條新女仔褲，但是怕媽媽不同意，因為她已經有了一條類似的牛仔褲。於是丹丹採用了一種獨特的方式，她沒有像其他孩子那樣或苦苦哀求，或撒潑耍賴，而是一本正經地對母親說：「媽，妳看過一個女孩只有一條牛仔褲嗎？」

這頗為天真而又略帶心機的問話，一下子打動了母親。事後，這位母親談起這事，說到了當時自己的感受：「女兒的話讓我覺得若不答應她的要求，簡直有點對不起她，哪怕在自己身上少花點，也不能太委屈了孩子。」

丹丹一句話就說服了母親，滿足了自己的需要。在她說這話時，唯一目的就是要打動母親，並沒有想到該用什麼樣的方法。而在事實上，她的確戳到了母親的痛處，是從母子道義上刺激母親，讓母親覺得女兒的要求是合情合理的，而不是非分的。

3. 採用反語來「激將」

就是正話反說，用故意扭曲的反語資訊和反激的語氣表達自己的意見，以激起對方發言表態，達到預期目標的方法。下面是一家中外合資公司的總裁與一家鄉鎮企業廠長的洽談。

廠長：「總裁先生的魄力，的確比我們這些鄉下人大得多。這麼大的魄力，雖然讓我們佩服，但我們實在不敢奉陪，只能回收土地，停止合作。」

總裁：「好吧，我再讓利一成？」

廠長：「不行，按我方投資比例，應當讓利兩成。」

總裁：「好，本公司原則上同意……」

上例中，廠長不說對方「黑心貪利」，而說反語「魄力大」，又以「不敢奉陪」的「哀兵」戰術以退為攻，激發對方「就範入甕」。

每個人都有理性的一面，也有感性的一面，行為很容易受到情緒的影響，激將法正是透過影響對方的情緒來改變對方的行為，讓對方自己願意、想要去做這件事。

08 激發對方高尚動機，順勢制宜影響他

每個人都在內心裡將自己理想化，都喜歡為自己行為的動機賦予一種良好的解釋，這就是為何大家都希望聽到誇獎，而不是貶低。也正因如此，我們可以透過訴諸一種高尚的動機賦予對方，順勢制宜，實現改變他人、影響他人的目的。

曾有一位婦女，抱著小孩上火車。由於人多，他們上車後位子上已經坐滿了人。但是，這位婦女旁邊，有一位年輕的小夥子正躺著睡覺，一個人占了兩個人的位子。孩子哭鬧著要座位，並用手指著要那個年輕人，想讓其把座位讓給自己。不料，年輕小夥子卻假裝沒聽見，依舊躺在那裡睡覺。

這時，小孩的媽媽用故作安慰的口吻對孩子說：「這位叔叔太累了，等他睡一會兒，就會讓給你的！」聽了媽媽的話，小孩也沒再說什麼了。

幾分鐘後，那個年輕人似乎剛好睡醒的樣子，然後站起來，客氣地把座位

讓給了母子倆。

小孩子單純地索要，年輕人並沒有讓座，而媽媽一句安慰，卻贏得了年輕人主動而客氣地讓座。這是為什麼呢？要知道，這位婦女之所以能成功，妙就妙在她順勢制宜，對那位年輕人採取了尊重禮讓的方法，給他設計了一個「高尚」的角色：他是一個善良的人，只是由於過度勞累而無法施善行。趨善心理使小夥子無法拒絕扮演這個善良的角色。

正如《三字經》裡有句話，「人之初，性本善。」從廣義的角度而言，是說當一個人在進入新的一個領域時，他的為人處世都是抱著一種善良、美好的行為去工作、去學習、去交友，等等。後天的生活習慣和環境變化，才造成了人的各種行為的差異，導致背離「善」的現象。

某房屋公司有一位不滿意的房客，在租約尚有四個月沒到的情況下，恫嚇要搬離他的公寓。按當時規定，那間公寓每個月的租金是五千元，可是房客聲稱立即就要搬，不管租約那回事。要知道，當時是淡季，如果房客立即搬走，房子是不容易租出去的。對於公司來說，兩萬元就不翼而飛了。

很多人都認為，此時應該找那個房客，要他把租約重念一遍，並向他指出，如果現在搬走，那四個月的租金，仍須全部付清。

可是，聰明的工作人員卻採取了另外一種辦法。他對房客說：「先生，我聽說你準備搬家，可是我不相信那是真的。我從多方面的經驗來推斷，我看出你是一位說話有信用的人，而且我可以跟自己打賭，你就是這樣的一個人。」

房客靜靜地聽著，沒有作特殊的表示。他接著又說：「現在，我的建議是這樣的，將你所決定的事，先暫時擱在一邊，你不妨再考慮一下。從今天起，到下個月一日應繳房租前，如果你還是決定要搬，我會答應你，接受你的要求。」他把話頓了頓，繼續說道：「那時，我將承認自己的推斷完全錯誤。不過，我還是相信，你是個講話有信用的人，會遵守自己所立的合約。」

讓人想不到的是，到了下個月，那位房客主動來繳房租了。還告訴工作人員，他跟太太商量過，決定繼續住下去，他們認為最光榮的事，莫過於履行租約。

不難看出，想達到改變他人的目的，你不妨找一頂實現這件事能表現出的高尚帽子，然後恭敬地戴到對方頭上，很少有人會拒絕的。

09 一開始就先聲奪人，讓對方屈服

很多人都是欺軟怕硬的，遇到弱小的一方總是喜歡以強欺弱，非得把對方逼到無路可退的境地。這是人的一種劣根性。如果你居於弱勢地位，當對方不肯輕易順從你的意見，甚至顯示出一種居高臨下的姿態時，可以一開始就以「恐嚇」壓制住對方，進而讓對方屈從和改變主意，反客為主，佔據你的主動地位。

《三國演義》中講到，曹操率領大軍南征，劉備敗退，無力反擊，大有坐以待斃之勢。以劉備單獨的力量，絕對無法與曹操的勢力相抗衡，解決的辦法只有一個，就是與江東的孫權聯手。此時，諸葛亮自願出使到江東做說客，他並不是像一般人那樣低聲下氣地求孫權，卻採用「反客為主」的方法，表現出一副強硬的態度，硬是激發了孫權的自尊心。

當時，東吳孫權自恃擁有江東全土和十萬精兵，又有長江天塹作為天然屏障，大有坐觀江北各路諸侯惡鬥的態勢。他斷定諸葛亮此來是做說客，採取了

一種居高臨下的姿態等待著諸葛亮的哀求。

不料諸葛亮見到孫權，開門見山地說道：「現在正值天下大亂之際，將軍你舉兵江東，我主劉備募兵漢南，同時和曹操爭奪天下。但是，曹操幾乎將天下完全平定了，現在正進軍荊州，名震天下，各路英雄盡被其所網羅，因而造成我主劉備今日之敗退，將軍你是否也要權衡自己的力量，以處置目前的情勢？如果貴國的軍勢足以與曹軍相抗衡，則應儘快與曹軍斷交才好。」諸葛亮隻字不提聯吳抗曹的請求，他知道孫權絕不會輕易投降，屈居曹操之下。

孫權聽完諸葛亮一席話，雖然不高興，但不露聲色，反問道：「照你的說法，劉備為何不向曹操投降呢？」

諸葛亮針對孫權的質問，答道：「你知道齊王田橫的故事嗎？他忠義可嘉，為了不服侍二主，在漢高祖招降時不願稱臣而自我了斷，更何況我主劉皇叔乃堂堂漢室之後。欽慕劉皇叔之英邁資質，而投到他旗下的優秀人才不計其數，不論事成或不成，都只能說是天意，怎可向曹賊投降？」

雖然孫權決定和劉備聯手，但面對著曹操八十萬大軍的勢力，心裡還存在不少疑惑——諸葛亮看出這一點，進一步採用分析事實的方法說服孫權。

「曹操大軍長途遠征，這是兵家大忌。他為追趕我軍，輕騎兵一整夜急行三百餘里，已是『強弩之末』。且曹軍多為北方人，不習水性，不慣水戰。再則荊州新失，城中百姓為曹操所脅，絕不會心悅誠服。現在假如將軍的精兵能和我們並肩作戰，定能打敗曹軍。曹軍北退，自然形成三分天下的局面，這是難得的機會。」於是，孫權遂同意諸葛亮提出的孫劉聯手抗曹的主張，這才有後來舉世聞名的赤壁之戰。

活著就是一種對抗，如果你不想被對方壓倒，那你就得先聲奪人，反客為主，時刻佔據上風才能贏。

10 讓他覺得你的意見是出於他，而不是你

每個人相信自己的主意，勝於相信別人用「銀托盤」奉獻的主意。如果是這樣，是否還應該把自己的觀點強加於人呢？每個人對強迫他買什麼東西或做什麼事情都會感到不快。相反，首先提出建議，再讓他人作出必要的結論會更好。

希歐多爾．羅斯福在紐約州當州長的時候，猶如一個出色的外交家。他和那些政治活動家們保持良好關係的同時，又成功地進行了不合他們心意的改革。他是這樣獲得成功的：每當任命一個人擔任什麼重要職務的時候，他總是邀一些政治活動家共同商討。「首先」，羅斯福說，「他們會推薦明顯不適宜的候選人。我對他們說，任命這個人政治上是不適宜的，因為社會輿論通不過。隨後，他們又向我提出另一個人選，但對這個人既說不出他的長處，也找不到他的短處。通常我就說，輿論界不希望這種人佔據這個位置。我請他們另舉賢

能。第三個候選人比較合適些，但仍不完全合適。最後我對他們表示感謝並請他們再考慮一下，於是他們就提出了我自己選中的那個人。對他們的幫助表示感謝的同時，我宣佈了對這個人的任命。我對政治活動家們說，為使他們滿意我是盡力而為了。現在該輪到他們助我一臂之力了。他們也沒有忘記我對他們的幫助。在需要的時候，他們支援了我提的候選人。」

請記住，羅斯福是傾心聽取他人建議的。每當羅斯福任命誰擔當重要職務時，他總是讓政治活動家們感到這是他們自己推選出的候選人，體現了他們的意圖。

威爾遜當總統時，愛德華·豪斯上校對美國的內外政策產生過很大影響。威爾遜向上校徵詢意見多於自己的內閣成員。這位上校運用何種手段使得他對總統有如此大的影響力呢？幸好我們對此有些瞭解，因為有些情況豪斯親自對亞瑟·史密斯說過，而史密斯在一篇文章中又援引過他的話。

「和總統關係密切後」，豪斯說，「若想要他相信某個想法是正確的，最好不過的辦法就是向他順便說出這種想法，這樣能使他對此感興趣，使他覺得這個主意是他想出來的。這一次這樣做時我就發現這種辦法出乎意料地有成效。我曾到白宮極力勸說總統承認他所贊成的政策是不正確的。幾天後竟聽到總統把我的觀點當做他自己的觀點說了出來，真使我感到驚訝。」

「這不是您的想法，而是我的想法。」豪斯是否會這樣打斷總統的講話呢？當然不會。他很機智、靈活，他不需要誇獎，他要的是效果。他能使威爾遜總統把他的意見當做總統個人的意見，有時他竟能大聲誇耀威爾遜的這個意見是正確的。

我們要牢記，每天同我們打交道的人都同樣存在著威爾遜的這種弱點。因此我們要像豪斯那樣為人處世。所以，若想要人們根據您的觀點辦事，請記住「讓他覺得你意見是出於他，而不是你。」

11 聲東擊西，讓對方開竅

說服別人有很多技巧，其中有一種很重要的方法就是聲東擊西。明說是「東」，其暗示的卻是「西」，讓對方從你的話中領悟出內在道理，進而改變所有的決定。

春秋時期，齊景公非常喜歡打獵，於是讓人養了很多老鷹和獵犬。有一次，負責養老鷹的燭鄒不小心給逃走了一隻。齊景公大怒，要把燭鄒殺掉。晏子聽說後想勸說齊景公不該殺燭鄒，但他沒有直接勸，而是採用了聲東擊西的方法，暗示景公不該殺燭鄒。

晏子說：「燭鄒有三條大罪，不能輕饒了他。讓我先數說他的罪狀再殺吧！」景公點頭稱是。

晏子就當著齊景公的面，指著燭鄒，一邊扳著手指數說道：「燭鄒，你替大王養鳥，卻讓鳥逃了，這是第一條大罪；你使大王為了一隻鳥的緣故而要殺人，這是第二條大罪；殺了你，讓天下諸侯都知道我們大王重鳥輕士，這是你的第三大罪。三條大罪，不殺不行！大王，我說完了，請您殺死他吧！」

齊景公聽著聽著，聽出了話中的味兒。停了半晌，才慢吞吞地說：「不殺了，我已聽懂你的話了。」

其實晏子列舉的三大罪狀表面上是在指責燭鄒，實際上是說給齊景公聽的，說燭鄒犯了三大罪，暗示如果因此而殺死燭鄒會給齊國帶來不好的影響，人人都能聽明白，齊景公自然也不例外。

聲東擊西的關鍵是讓對方「開竅」。所以，當你在求人遇到阻礙時，完全可以採用這種背道而馳、指東說西的博弈方法，既說出了自己的意思，又能讓對方在反諷的語言環境下「開竅」，還不至於讓他生氣，進而保護了自己。

Chapter 5

制人攻心，讓他人為我所用

01 給予對方一個頭銜，他更願意鼎力相助

要想獲得他人的鼎力支援，給予他人合適的頭銜是非常有效的方式，這被無數事實反覆證明是正確的。雖然頭銜是虛的，不能增加人的經濟收益，但卻可以在極大程度上滿足人的自我成就感。很多人都透過給予對方一個光輝閃耀的頭銜來獲得對方的鼎力協作。

斯坦梅茨是一位擁有異常敏銳的觀察力，和無法估計才能的人。然而，在他就任通用電氣公司的行政主管時，他所管理的事務卻亂作一團，因此，他被撤銷了行政主管一職，而擔任顧問兼工程師。那麼，怎樣才能使這樣一個事業上受挫的人不遺餘力地投入到工作中、為公司效力呢？

這時，高層管理人員運用了一些奇妙的馭人策略。他們給予了斯坦梅茨一個耀眼的頭銜——「科學的最高法院」。一時之間，幾乎公司上下所有的人都知道：有一個叫斯坦梅茨的工程師非常了不起，他被稱為「科學的最高法院」。

而斯坦梅茨也極力維護這個頭銜所帶給他的榮譽，他不遺餘力地工作著，創造了很多奇蹟，為通用電氣的發展作出了極大的貢獻。

頭銜是一種公開化的讚譽，面對它，幾乎沒有人能夠真正抗拒。頭銜能夠讓許多人激動不已，能夠激發他們的工作熱情，當然，還能夠贏得他們的忠誠。一個小小的頭銜真的擁有這麼巨大的魔力嗎？其實，這當中是有其心理學依據的。一方面，從個體心理學的角度看，當一個人被賦予某種頭銜的時候，他對自己的自我認知就發生了改變。潛意識中，他將自己和這種頭銜統一起來，如果他不按頭銜的要求去做的話他就會產生認知失調，也就是自我認知和言行衝突，進而產生心理不適。因此，為了避免認知失調產生，他一定會以積極的言行來極力維繫頭銜帶給他的榮譽。

另一方面，從社會心理學的角度看，當一個人被賦予某種頭銜的時候，實際上是被賦予了某種社會角色。著名心理學家津多巴曾經做了一個這樣的實驗：參加實驗的志願者都是男性。津巴多將他們分成兩組，一組扮演監獄裡的「看守」，另一組扮演「犯人」。

一天後，幾乎所有的參與者都進入了角色。「看守」變得十分暴躁而粗魯，甚至主動想出許多方法來體罰「犯人」。而「犯人」則「垮」了下來，有的消極地逆來順受，有的開始積極反抗，有的甚至像個看守一樣去欺辱其他犯人。

人有一種將自身的言行與自己所扮演的角色統一起來的本能，人很難拋開自己所擁有的頭銜而做出格的事情。如果想讓別人做出改變，不妨給他一個與之相適應的頭銜，讓他覺得自己是這樣的人，他便會表現得像這個人一樣。任何人都不甘於辜負好的名聲，如果你樂於給他一頂桂冠，他就會樂於做出優秀的表現。

02 激起心理共鳴，讓他感覺像是在幫助自己

心理學中，有一個概念叫共鳴，指人在與自己一致的外在思想情感及其他客體刺激影響下而產生情狀相同、內容一致、傾向同構的心理活動和精神現象。在人際交往過程中，「心理共鳴」是一種以心交心的有效方式，也是一門非常微妙的相處藝術。求人的時候，如果你能激起對方的心理共鳴，事情自然就好辦多了。

不過，雖然人與人之間本來就有許多地方是相同的，但是要產生共鳴，還需要相當的說話技巧。當你對另一個人有所求的時候，最好先避開對方的忌諱，從對方感興趣的話題談起，不要太早暴露自己的意圖，讓對方一步步地贊同你的想法，當對方跟著你走完一段路程時，便會不自覺地認同你的觀點。

伽利略年輕時就立下雄心壯志，要在科學研究方面有所成就，為此，他希望得到父親的支持和幫助。

一天，他對父親說：「父親，我想問您一件事，是什麼促成了您跟母親的婚事？」

「我看上她了。」父親不假思索地答道。

伽利略又問：「那您有沒有娶過別的女人？」

「沒有，孩子。家裡的人要我娶一位富有的女士，可是我只鍾情於你的母親，她從前可是一位風姿綽約的女子。」

伽利略說：「您說得一點也沒錯，她現在依然風韻猶存。您不曾娶過別的女人，因為您愛的是她。您知道，我現在也面臨著同樣的處境。除了科學以外，我不可能選擇別的職業，我對它的愛有如對一位美貌女子的傾慕。」

父親說：「像傾慕女子那樣？你怎麼會這樣說呢？」

伽利略說：「一點也沒錯，親愛的父親，我已經十八歲了。別的學生，哪怕是最窮的學生，都已想到自己的婚事，可是我從沒想過那方面的事，以後也不會。因為我只願與科學為伴。」伽利略繼續說：「親愛的父親，您有才幹，但沒有力量，而我卻能兼而有之。為什麼您不能幫助我實現自己的願望呢？我一定會成為一位傑出的學者，獲得教授身分。我能夠以此為生，而且比別人生活得更好。」

說到這，父親為難地說：「可是我沒有錢供你上學。」

接著伽利略又說：「父親，您聽我說，很多窮學生都可以領取獎學金，這錢是公爵宮廷給的。我為什麼不能去領一份獎學金呢？您在佛羅倫斯有那麼多朋友，您和他們的交情都不錯，他們一定會盡力幫忙的。他們只需去問一問公爵的老師奧斯蒂羅．利希就行了，他瞭解我，知道我的能力……」

父親被說動了：「嗯，你說得有理，這是個好主意。」

伽利略抓住父親的手，激動地說：「我求求您，父親，求您想個法子，盡力而為。我向您表示感激之情的唯一方式，就是……就是保證成為一個偉大的科學家……」

伽利略最終說動了父親，他實現了自己的理想，成為一位聞名遐邇的科學家。伽利略爭取父親的認可和幫助，採用的就是「心理共鳴」的方法。這種方法一般可分為以下四個階段：

一、導入階段。先顧左右而言他，以對方當時的心情來體會現在的心情。例如，伽利略先請父親回憶和母親戀愛時的情形，引起了父親的興趣。

二、轉接階段。伽利略巧妙地透過這句話把話題轉到自己身上：「我現在也面臨著同樣的處境。」

三、正題階段。提出自己的建議和想法。伽利略提出「我只願與科學為伴」，這也正是他要說服父親的主題。

四、結束階段。明確提出要求。為了使對方容易接受，還可以指出對方這樣做的好處。伽利略正是這樣做的，他說：「……為什麼您不能幫助我實現自己的願望呢？我一定會成為一位傑出的學者，獲得教授身分。我能夠以此為生，而且比別人生活得更好。」

正是巧妙運用了「心理共鳴」的方法，伽利略終於達到了自己的目的，為最終實現自己的理想奠定了基礎。在日常生活中，我們也不妨試著用這種方法求助別人，往往會帶來讓你滿意的結果。

03 弱勢時打張感情牌，激發同情心

正所謂「以情動人」，「情」最能開啟人的心扉，真正喚起別人的共鳴和認同。現實世界裡，聰明的人往往善於打「情感」之牌，尤其在弱勢的時候，這樣更容易被他人認可、得到幫助。

在美國經濟大蕭條時期，有一位十七歲的女子好不容易才找到一份在高級珠寶店當售貨員的工作。在耶誕節的前一天，店裡來了一位三十歲左右的貧民顧客，他衣衫襤褸，一臉的悲哀、憤怒，他用一種不可企及的目光盯著那些高級首飾。

女子要去接電話，一不小心把一個碟子碰翻，六枚精美絕倫的金戒指落到地上，她慌忙撿起其中的五枚，但第六枚怎麼也找不著。這時，她看到那個三十歲左右的男子正向門口走去，頓時，她知道了戒指在哪兒。

當男子的手將要觸及門把時，女子柔聲叫道：「對不起，先生！」

那男子轉過身來，兩人相視無言，足足有一分鐘。

「什麼事？」他問，臉上的肌肉在抽搐。

女子一時竟不知說些什麼。

「什麼事？」他再次問道。

「先生，這是我第一份工作，現在找個事做很難，是不是？」女子神色黯然地說。

男子長久地審視著她，終於，一絲柔和的微笑浮現在他臉上。

「是的，的確如此。」他回答，「但是我能肯定，妳在這裡會做得不錯。」

停了一下，他向前一步，把手伸給她：「我可以給妳祝福嗎？」

他轉過身，慢慢走向門口。女子目送著他的身影消失在門外，轉身走向櫃檯，把手中握著的第六枚金戒指放回了原處。

這位女子成功地要回了男子偷拾的第六枚金戒指的關鍵，是在尊重諒解對方的前提下，以「同是天涯淪落人」的言語博得對方的真切同情。對方雖是流浪漢，但此時握有打破她飯碗的金戒指，極有可能使她也淪為「流浪人」。因此，「這是我第一份工作，現在找個事做很難」，這句真誠樸實的表白，卻飽含著懼怕失去工作的痛苦之情，也飽含著懇請對方憐憫的求助之意，終於感動了對方。對方也巧妙地交還了戒指。試想，如果女子怒罵，甚至叫來員警，也可能找回戒指，但女子的「飯碗」還保得住嗎？

曹丕和曹植都是曹操的兒子，均能辭賦。在文學史上，父子三人合稱「三曹」。曹操被漢獻帝封為魏王后，在諸子中選立自己的繼承人。長子曹丕雖被立為太子，但覺得自己的地位很不穩固，認為二弟曹植是自己強有力的競爭者，曹植也未放棄希望。於是，兩人都想方設法爭寵於曹操。

有一次，曹操要率大軍出征，曹丕與曹植都前去送行。臨別時，曹植作了一篇洋洋灑灑的散文，極力稱頌父王功德，並當眾朗誦得聲情並茂，使得曹操和他的左右文武大臣萬分高興，曹植也因此受到眾人的誇獎。

曹丕悵然若失。這時，他的謀士吳質悄悄建議他做出流涕傷懷的樣子。等到曹操出發時，曹丕什麼話也不說，只是淚流滿面，趴在地上，悲傷不已，表示為父王將要出生入死而擔憂。他一邊哭著一邊跪拜，祝願父王與將士平安，曹操及左右將士都大為歎息。

這樣一來，形勢大轉。曹操和左右大臣都認為曹植雖能說會道，但華而不實，論心地誠實仁厚遠不如曹丕。一番考察和鑒別之後，曹操最終把曹丕定為太子。曹丕心裡知道，曹操才華橫溢，而自己處於弱勢，如果和他硬拼，無異於雞蛋碰石頭。於是，曹丕打出了感情牌，以父子之情感動曹操，最終達到目的。

由此可見，弱勢地位並非沒有好處，如果能夠巧妙地運用自己的弱勢，從情感上打動對方，也能夠順利獲得幫助。

04 互惠，讓他知道這樣做對他也有利

一位心理學教授做過一個小小的實驗：他在一群素不相識的人中隨機抽樣，給挑選出來的人寄去了聖誕卡片。雖然他也估計會有一些回音，但卻沒有想到大部分收到卡片的人，都給他回了一張。而其實他們都不認識他啊！給他回贈卡片的人，根本就沒有想到過打聽一下這個陌生的教授到底是誰。他們收到卡片，自動就回贈了一張。也許他們想，可能自己忘了這個教授是誰了，或者這個教授有什麼原因才給自己寄卡片。不管怎樣，自己不能欠人家的情，給人家回寄一張，總是沒有錯的。

這個實驗雖小，卻證明了互惠定律的作用。互惠是人類社會永恆的法則，它是各種交易和交往得以存在的基礎。如果我們想要獲得別人的幫助，就要製造互惠的效果，讓對方知道這樣做不僅是幫助你，也對他自己有利，這樣別人才會心甘情願地給你幫忙。

在長篇歷史小說《曾國藩》中，有這麼一節：曾國藩初握兵權時，對待下屬比較「吝嗇」：在向朝廷保薦有功人員時，「據實上報」，一是一，二是二，有多大功勞就是多大功勞，不肯多報一點，更別說虛報那些無功人員了。這樣一來，那些為他出生入死的屬下就不樂意了，在以後的戰役中，明顯的沒有以前勇猛。

曾國藩不明就裡，直到有一天，其弟曾國荃對他說：「大哥，弟兄們現在不賣力幹活全是因為你的『據實上報』啊，你是朝廷大員，你可以修身齊家治國平天下，你可以百世流芳，這是你的追求。可弟兄們沒有你那麼高的追求，他們要的就是眼前的利益。弟兄們流血賣命打仗，圖的是金銀財寶和有個官職以封妻蔭子，你不給人家好處，誰給你賣命啊？」

一番話點醒夢中人，儘管曾國藩是個理想主義者，但在現實面前也只能妥協。就像那些普通的「湖湘子弟」，他們不可能都在歷史上留下自己的名字，也許他們也有對理想的追求，但眼前的實際利益無疑更能打動他們。

「我們沒有永遠的朋友，也沒有永遠的敵人，只有永遠的利益」，這是一百多年前美國首相迪斯羅利留下的名言。從政也好，經商也好，若無利可圖，誰也不會和你合作，為你所用。看透這一點，在博弈中才能進退自如。

所以，要打動對方，首先要考慮能夠給對方什麼，然後考慮自己能否給對方這些東西。簡而言之，打動對方的方法是：首先考慮在自己能夠接受的範圍內能給對方什麼好處。

不給對方好處對方就不予合作，你也無法獲利。給的好處小了對方興趣不高，合作程度也小，你獲利也就少。只有給你對方最大程度的好處，對方才能全力以赴，你也才能取得最大的利益。

05 登門檻效應：先提小要求，再提大要求

曾有社會心理學家做過一個經典而又有趣的實驗，他們派了兩個大學生去訪問加州郊區的家庭主婦。首先，其中一個大學生先登門拜訪了一組家庭主婦，請求她們幫一個小忙：在一個呼籲安全駕駛的請願書上簽名。

這是一個社會公益事件，每年死在車輪底下的人不知道有多少！不就是簽個字嗎，太容易了。於是絕大部分家庭主婦都很合作地在請願書上簽了名，只有少數人以「我很忙」為藉口拒絕了這個要求。

接著，在兩周之後，另一個大學生再次挨家挨戶地去訪問那些家庭主婦。不過，這次他除了拜訪第一個大學生拜訪過的家庭主婦之外，另外還拜訪了另外一組家庭主婦。與上一次的任務不同，這個大學生訪問時還背著一個呼籲安全駕駛的大招牌，請求家庭主婦們在兩周內把它豎立在她們各自的院子的草坪上。可是，這是個又大又笨的招牌，與周圍的環境很不協調。按照一般的經驗，

這個有點過分的要求很可能被這些家庭主婦拒絕。畢竟，這個大學生與她們素昧平生，要求她們幫這麼大的忙，真的有些難為她們。

實驗結果是：第二組家庭主婦中，只有十七％的人接受了該項要求；但是，第一組家庭主婦中，則有五十五％的人接受了這項要求，遠遠超過第二組。

對此，心理學家的解釋是，人們都希望給別人留下前後一致的好印象。為了保證這種印象的一致性，人們有時會做一些理智上難以解釋的事情。在上面的實驗中，答應了第一個請求的家庭主婦表現出了樂於合作的特點。當她們面對第二個更大的請求時，為了保持自己在他人眼中樂於助人的形象，她們只能同意在自家院子裡豎一塊粗笨難看的招牌。

這個實驗告訴我們，一個人一旦接受了他人的一個小要求之後，如果他人在此基礎上再提出一個更高一點的要求，那麼，這個人就傾向於接受更高的要求。這樣逐步提高要求，就可以有效地達到預期的目的。心理學家把這種對別人提出一個大要求之前，先提出一個別人很容易接受的小要求，進而使別人對進一步的較大的要求更容易接受的現象稱為「進門檻效應」。

為什麼會發生「進門檻效應」呢？這是當你對別人提出一個貌似「微不足

道」的要求時，對方往往很難拒絕，否則，似乎顯得「不近人情」。而一旦接受了這個要求，就彷彿跨進了一道心理上的門檻，就很難有抽身後退的可能。因為當再次向他們提出一個更高的要求時，這個要求就和前一個要求有了順承關係，讓這些人容易順理成章地接受。在這種情況下，比一來就提出比較高的要求，更容易被人接受。

日常生活中有許多利用「進門檻效應」的例子。比如一個推銷員，當他可以敲開門，跟顧客進行交談時，其實他已經取得了一個小小的成功。在這種情況下，如果他能夠說服顧客買一件小東西的話，那麼他再提出進一步的要求，就很可能被滿足。為什麼呢？因為那位顧客之前答應了一個要求，為了前後保持一致，他的確會有較大可能性接受進一步的要求。男士在追求自己心儀的女孩時，也並不是「一步到位」提出要與對方共度一生的，而是逐漸透過看電影、吃飯、遊玩等小要求來逐步達到目的的。

有的孩子向媽媽要求，可不可以吃顆糖果？當媽媽答應他的時候，他可能會提出進一步的要求，那可不可以喝一小杯果汁呢？媽媽通常是會答應的。

這個心理效應給我們的啟示是，在人際交往中，當我們要提出一個比較大的要求時，可以不直接提出，因為這個時候很容易被拒絕。你可以先提出一個較小的要求，一旦對方答應，再提出那個較大的要求，就會有更大的被接受的可能。

假如你要組織一次募捐活動，怎樣才能徵集到更多的募捐款呢？根據「進門檻效應」，調動你的思維，把你的想法寫下來。英國心理學家查爾迪尼曾做過一個募捐實驗：對一部分人募捐時提出請求，並附加一句「哪怕一分錢也行」，結果其捐款人數比沒有這句附加語的人數多兩倍，並且募捐到的款額也不少。

查爾迪尼的這個實驗是否有給你一些啟示呢？當我們要請求別人幫忙或是做事的時候，你不妨運用「進門檻效應」，這樣做會給你帶來意想不到的收穫。

06 不妨提一個更大的要求更容易取得成功

在生活中，我們經常可以見到這樣一種現象：一個人提出了一個大要求後再提出一個同類性質的小要求，這個小要求就有可能被人輕易地接受。這一現象與「進門檻」恰好相反，因而人們稱其為「反進門檻效應」，也叫留面子技術。

美國著名的顧問尼一韋是賀華勃及羅克法芮等許多大名鼎鼎的人物所常常向他諮詢或讓他做決策的人，他曾經很妥善地幫助他們解決了一個個非常難處理的事件。當時，尼一韋在英國想請著名的阿絲狄夫人給剛在紐約動工的阿斯托尼亞大飯店舉行奠基典禮。

「不行，」阿絲狄夫人說，「此事恕我不能遵命，你們之所以需要我，只是讓我為你們旅館做做廣告而已。」

而尼一韋的話的確使她大吃一驚。「夫人，的確如此。」尼一韋接著說，「然而，您也不會一無所獲的，您也可以借此接近廣大群眾。因為，這個典禮將由廣播電視向全國轉播。」後來他又向她聲明，他們並不希望她發表什麼演說，只是要她到場露一下臉就行了，並且反覆強調了此舉的意義。最後阿絲狄夫人便應允下來，答應出席他們的奠基典禮。

從這我們可以看出，尼一韋能使阿絲狄夫人答應的真正原因，還是在於他開始的時候，使夫人感到出其不意的讓步。

阿絲狄夫人說：「他們需要我做廣告，這是我不願意的。然而，他卻坦白地承認了這一點。在這一點上他表示出了讓步。」接下來尼一韋迎合了阿絲狄夫人的心理去勸說，結果他終於取勝了。

這一效應，在美國心理學家西阿弟尼等人做的實驗中得到了印證。他們要求第一組被試者做一件沒有工資的工作，即當少年犯的顧問，每星期兩個小時，至少做兩年。毫無疑問，沒有一個人答應這樣的要求。當所有人都拒絕時，實驗者馬上問他們，是否同意做別的事情，只需要很少的時間，即帶著少年犯到動物園遊玩兩個小時；對第二組被試者只提出了較小的要求，要求他們帶那些少年犯到動物園遊玩；對第三組被試者提出可以在兩種要求中間選擇一個。結果他們同意的百分率分別為五十%、十六%、二十五%。

由此可見，運用這種留面子技術的效果是十分明顯的。事實上，這種技巧在小商品市場中司空見慣。那些小攤販先漫天要價，然後再討價還價，這時人們便以為他為此讓步了，價格比較合理了，因此便接受了他們的要求。日常生活中，這類例子也比比皆是。例如，你想說服別人借給你五百元，你可以先向他提出借兩千元的要求，遭到拒絕後，待他向你解釋原因時，你就可以說：「既然兩千元很難拿出手，那借五百元總可以吧。」這樣，他就有可能答應你這一較小的要求。

在人際交往中，我們也可以利用這種留面子技術，達到勸說別人接受意見的目的。勸說別人，並不意味著只是一味進逼，適當地退讓和承認對方意見的合理性，倒顯得通情達理，使人易於接受勸告。如果妻子只是勸說丈夫每天少抽幾支菸，丈夫可能無動於衷，妻子進而要求戒菸，不許屋裡有菸味，丈夫很可能趕緊讓步，答應每天只抽五支菸，妻子也就達到要求丈夫少抽菸的預期目的了。

「反進門檻效應」的產生與心理反差的錯覺作用密不可分。大要求與小要求會引起心理反差。一般來說，要求之間的差距越大，其心理反差也越大，給人的錯覺也大。這正如魯迅說，你要求在牆上開個窗戶，大家都反對；如果你提出要扒開屋頂，大家就同意開窗戶了。因為開窗子這個小要求與扒屋頂這個大要求相比差得很遠，大家以為自己得了便宜，免除了扒屋頂的後遺症，便答應了開窗戶的要求。

實踐證明，在社交中運用留面子技術是很有效的。在人際交往的過程中，我們要適當地運用留面子技術，以便達到我們使他人順從、改變他人的目的。但是在運用留面子技術時，要注意以下幾個方面：我們要學會不露痕跡地使用留面子技術。在使用時一定要讓對方處在無意識狀態下。我們也要學會合理的讓步法。一般來說，讓步越大，其效應越大。但是，一旦被人認為這種讓步是虛假時，其信任程度就發生了變化，他對你的讓步就不信任了，進而你不管提什麼要求，他都會認為是高的。

07 軟磨硬泡，日久見效

求人辦事時，有時候對方雖然能辦，但是他卻找各種各樣的理由搪塞，弄得你無可奈何。這種情況下，有些性格頑強的人，他們軟磨硬泡、友好地賴著對方，一副不達目的絕不甘休的樣子。到最後，對方不得不答應他的請求。

宋朝的趙普曾做過太祖、太宗兩朝皇帝的宰相，他是個性格堅韌的人。在輔佐朝政時自己認定的事情，就是與皇帝意見相悖，也敢於反覆地堅持。

有一次，趙普向太祖推薦一位官吏，太祖沒有允諾。趙普沒有灰心，第二天臨朝又向太祖提出這項人事任命請太祖裁定，太祖還是沒有答應。趙普仍不死心，第三天又提出來。連續三天接連三次反覆地提，同僚也都吃驚，趙普何以臉皮這樣厚。太祖這次動了氣，將奏摺當場撕碎扔在了地上。

但趙普自有他的做法，他默默無言地將那些撕碎的紙片一一拾起，回家後再仔細黏好。第四天上朝，話也不說，將黏好的奏摺舉過頭頂立在太祖面前不動。太祖為其所感動，長歎一聲，只好准奏。

大宰相趙普尚且能夠放下臉面、軟磨硬泡，聰明的女人也要懂得在求人辦事時暫時收起自己的自尊心，多一份韌性和毅力，用誠心感化對方。

「軟磨硬泡」以「攻心為上」為基調，和一般的處人方略大有不同。它能以消極的形式爭取積極的效果，透過表現自己不達目的不甘休的決心和幹勁給對方施加壓力，同時增加接觸機會，更充分地表明自己的態度、意識和情感，以影響對方，最終達到「攻心」的目的。

國外也流行一種說法叫「人盯人」。同樣的內容，一次不行兩次，不斷地反覆向對方說明，進而達到「攻心」的效果。運用這種方法，必須有堅忍不拔的耐心，內堅外韌，對一度的失敗，絕不灰心，一千次的失敗那我就一千零一次站起來。

這樣軟磨硬泡，還怕沒有成就嗎？軟磨硬泡主要在於「攻心」，雖然它本身已經是「心計」的體現，如果再講些策略，更會錦上添花。

1. 用行動去磨

「軟磨硬泡」，不僅要能「泡」，還要會「泡」。換言之，「泡」，不是沒有效果地耗時間，也不是強對人家耍無賴，而是要善於採取積極的行動影響對方、感化對方，促進事態向有利自己的方向轉化。

俗話說：「人心都是肉長的。」不管雙方距離有多大，只要你善於用行動表明你的誠意，就會促使對方重新做選擇，進而理解你的苦心，從固執的圈子裡跳出來，那時你就將「泡」出希望了。

2. 借舌頭去泡

有時候你去求人，對方推著不辦，並不是不想辦，而是有實際困難，或心有所疑。這時，你若僅僅靠實際的作為去「泡」，很難顯成就，甚至會把對方「泡」火了，纏煩了，更不利於辦事。

如遇這種情形，嘴巴最好抹點蜜。要善解人意，抓住問題的癥結，巧用語言攻心。語言是開心的鑰匙，當你把話說到點子上時，就會敲開對方心靈的大門。

3. 多一分理智

足夠的耐心是前提和基礎。當前往受阻出現僵局時，人們的直接反應通常是急躁、失意、惱火甚至發怒。然而，這怎麼能促成事情的發展。你應多一些理性的分析，採取忍耐的態度。磨，意味著真誠，能引起人們的重視，能感動人。磨，顯示積極主動地向對方解釋，與對方溝通，不間斷地軟化對方的過程。因此必須是身心兼備，必須有百折不撓的精神。

磨，並不代表耍無賴，而是一種靜靜的禮貌的企盼，等待對方儘快給予答覆。不會讓對方感覺你是故意找麻煩，故意影響他的工作和休息。要儘量善解人意，儘量減少對對方的干擾，這樣，才能磨成功。

為了辦好事情，有必要增強抗挫折的能力，碰個釘子臉不紅心不跳，不氣不惱，照樣微笑與人周旋，只要還有一絲希望就要全力爭取，不達目的絕不甘休，有這樣頑強的意志就能把事情辦成。

08 往臉上貼金，增加辦事籌碼

一般人求人，態度一定會低三下四，讓對方可憐，好像只有這樣才容易獲得救助。這種人見得多了，也就見怪不怪了。如果你一反常規，巧用手段為自己貼金，從氣勢上並不輸給對手，然後你再故意說一些抬高自己身價的話語，對方肯定會想到你或許真的實力不凡。

要知道，人際場上本就虛虛實實，誰也無法完全摸清夥伴和對手的底細。在這種大環境下，如果你勢力較弱而又想把自己事業做大，那麼你就應該多往臉上貼些「黃金」，抬高身價，至少給對方一個你實力強大的假象，這樣你才能成功地借助對方的力量。

有一年，國際木材市場需求增加，價格上揚，某大型林場看準這一時機，將林場的木材推入國際市場，市場反映良好。然而好景不長，幾個月後，由於市場競爭激烈，木材的價格大幅下跌，如果繼續堅持出口，林場將每年虧損上千萬元。

面對危機，場長認為在國際交易中他們是後起者，在強手如林的情況下，擠進去非常不容易，應想辦法站住腳才行。如果一遇風險和危機就退出來，那麼，想再佔領市場就會更困難，於是他決心帶領大家從夾縫中衝出去。為此，他親自參加一些大型宴會，借此搜集資訊，尋找合夥對象，開闢新市場。

在一次宴會上，場長遇到國外一家著名的傢俱生產集團的總經理。場長開門見山，表明希望那家公司能夠把他們的林場作為原料採購基地。對方公司總經理說：「現在我們的原料供應系統很穩定，你有什麼優勢讓我們把別的公司辭掉而選用你們的木材？」

場長不卑不亢地列舉了該林場三大優勢：第一，我們林場的木材品質有保證，有很高的信譽；第二，我們可以長期合作，保證長期供貨，長期供應價格上我們可以給予一定的優惠；第三，我們林場有自備碼頭，能保證貨運及時，並有良好的售後服務，更重要的一點是保證信守合約。場長在大談林場的三大優勢後，還不緊不慢地對外方總經理說，林場剛剛與國際上另一家知名公司簽訂了供貨合約。

那位經理聽說連A公司那樣的大公司都與這家林場簽訂了合同，看來林場實力不弱啊！他立即同意就供貨問題正式洽談。簽訂合同之前對木材進行現場檢測。經檢測，木林質地良好，是傢俱原材料的上上之選，經過一番討論，雙方正式簽訂了合同，該林場也在國際市場上站穩了腳步。

上例中，那位場長沒有刻意地恭維對方，而是底氣十足地向對方提出要求，緊接著在不經意中道出自己與另一家公司簽訂了合約，無形中抬高了林場木材的身價，讓對方對他刮目相看，如此一來，事情自然好辦多了。

足見，求人辦事，手段一定要靈活，特別是在商業場合求陌生人時，如果自身力量較弱，處於劣勢，那麼你不妨巧用一些手段，往自己臉上貼金，玩個把戲，把身價抬高，增加自身分量，為自己辦事創造一些更好的條件。當然，臉上的「黃金」是有一定限度的，否則無限度地拔高自己只能是玩火自焚。

09 讓他作出承諾，就容易達到你的目的

心理學家湯瑪斯・莫里亞蒂曾經在紐約市的海灘上做過這麼一個實驗，實驗的目的是探究人的偷竊行為，觀察旁觀者會不會捨棄個人安全去阻止身邊的偷竊者，以遏制犯罪行為的發生。

在實驗中，實驗人員會在海灘上隨便找個人作為實驗對象。開始的時候，實驗人員會躺在距離實驗對象大約五英尺的浴巾上，並且很愜意地聽著收音機裡傳出來的音樂，享受著涼爽的海風。

但幾分鐘之後，他會從浴巾上爬起來，向前面的大海走去。這時，第二位實驗人員會假扮成一個小偷，他悄悄地來到第一個實驗人員剛才待過的地方，拿起收音機迅速地離開現場。

可以想像：一般情況下，旁觀者是不會冒險去阻止小偷的犯罪行為的。實驗最終證明了這一觀點。

湯瑪斯發現，在二十次的實驗中，二十人中僅有四人挺身而出，阻止小偷的犯罪行為，其他人都視而不見。

而後，實驗者又進行了二十次實驗，與上一次不同的是，這次實驗略有改變，改變發生在實驗人員離開時。這次當實驗人員離開的時候，他會對身邊的實驗對象說：「您好，我想去游泳一會兒，麻煩您幫忙照看一下我的這些物品好嗎？」

當然，每一個實驗對象都答應了。這次實驗的結果是二十人中有十九人挺身而出，成為阻止犯罪的孤膽英雄。他們中的很多人都追趕著小偷，迫使其停下來並作出合理的解釋。而有的人則乾脆問也不問，緊追上去，一把搶過他手裡的收音機，並揚言叫員警來處理。

兩個相似的實驗，為什麼會產生如此之大的差別呢？這可能會讓很多人感到疑惑。其實，實驗的結果就體現了承諾的力量。

當實驗者沒有對物主作出承諾時，面對偷竊行為就不會有太大的責任感，即使不管，也不會受到道義上的譴責；而當實驗者對物主作出承諾，答應物主的請求時，就會肩負起一種責任，要求自己說到做到，不能被對方覺得自己言而無信，於是就會為了保持言行一致，而做出一些努力。

一般情況下，人們會主動使行為與承諾保持一致，因為這通常被認為是一種良好的品行。一個人如果言行不一，那麼就會失信於人，在以後的為人處世中恐怕會很難立足。而且在人們看來，言行一致是和超凡的智力和堅強的個性聯繫在一起的，代表著堅定和誠實。因此，不論從哪個方面來講，人們都非常看重保持言行一致。這無形中就產生了一種有效的心理影響力，即用人們的承諾影響其行為。

一般情況下，人們一旦對別人作出承諾，就一定會盡力做到，在這種力量的作用下，不會輕易反悔自己做出的決定，即使有什麼別的想法，也會極力克制，努力使承諾與行為保持一致。

這種心理效應，可以作為一種影響力武器應用到生活的各個方面，先巧妙地讓人對你做出一定承諾，只要對方作出承諾，就會受到一種無形力量的牽制，不會輕易改變。

因此，我們可以利用承諾的力量來促使人們做出某種行為。例如，某公司為了刺激銷售員取得更大的成績，在每一個階段開始之前，都會要求銷售員定下自己的銷售目標，並要求他們把銷售目標寫在一張紙上。這個目標一旦寫下來，就等於銷售員對公司作出了一個承諾。於是，為了保持自己的言行一致，銷售員必然會加倍努力，在規定時間之內兌現自己的承諾。最終，有效地調動了員工的積極性，提高了銷售業績。

俗話說：「言必信，行必果。」這是我們為人處世的一種行為準則，它有很大的約束力，如果我們能夠巧妙地使人們對自己作出承諾，那麼就會比較容易達到自己最初的目的。

Chapter 6

以心交心，有效化解他人的敵意

01 請對方幫忙，讓他感覺自己比你強

當我們有困難時，通常會尋求朋友的幫助，但有時也會不好意思開口，因為請別人幫忙總是要麻煩別人的事情。其實，請他人幫忙也能夠起到聯絡感情的作用，甚至在你和他人之間產生誤會和矛盾的時候，還能夠起到化干戈為玉帛的效果。

班傑明‧佛蘭克林年輕時是費城一家小印刷廠的老闆，在州議會的複選中，他幸運地被推舉為賓夕法尼亞議會下院的書記員。就在正式選舉前的緊要關頭，一位新當選的議員卻公開發表了一篇反對佛蘭克林做下院書記員的演說。演說篇幅很長，措辭尖銳，簡直可以說是把佛蘭克林貶得一文不值。

面對這種意外情況，佛蘭克林既生氣又有點兒手足無措。因為對方是一位很有名望、有修養、有才識的紳士，在當地十分有影響力，而佛蘭克林又不願意卑躬屈膝地去討好他。幾經思考，佛蘭克林找到了一種比卑躬屈膝更恰當、

更有效的方法。

佛蘭克林聽說他收藏了幾部十分名貴而罕見的書，於是，他就寫信懇求對方把這些珍貴的書籍借給自己拜讀。那位議員接到信，馬上就把書送了過來。一個星期後，佛蘭克林準時送還了那些書籍，並且附了一封感謝信，由衷地表達自己的謝意。

後來，當佛蘭克林再碰見他的時候，他竟然主動跟佛蘭克林打招呼，而且告訴佛蘭克林，他會盡自己所能地幫助佛蘭克林。就這樣，佛蘭克林將對手變成了終生的好友。

佛蘭克林利用「請對方幫個小忙」的方法，化解了人際危機，進而獲得了事業的成功。生活中，很多人因為怕引起他人的反感而從不找他人幫忙。其實，這種想法是錯誤的。不知道你注意到沒有?當他人拜託你幫個小忙時，你不但不會覺得麻煩，反而會覺得十分高興。如果對方的請求恰恰是你最拿手的，你不但會心情愉悅，而且還會因此而喜歡對方。不用為此感到懷疑，「請他人幫個小忙」能夠獲得對方的好感是有其心理學理論依據的。

首先，請求他幫個小忙，能滿足對方天性中的一種潛在的需要。當你請求他人幫個小忙的時候，實際上是主動將自己放在了一個相對較低的位置，進而抬高了對方，這樣就能夠滿足對方獲得他人尊重的本質需求，成就了對方的榮譽感。而你請他幫忙，代表你需要他，這讓他感覺到自己被需要，覺得自己比你強，你滿足了他的虛榮心，他也就無意再和你作對了。

其次，心理學上有個著名的認知失調理論，也就是說，當個體的行為與自我概念不一致時，就會產生不愉悅的心理體驗。

當你無心或有意地傷害了某個人時，就會產生這樣的問題：「我為什麼要這麼對他呢？」如果答案是「我很粗心、很糟糕」，那麼，你正面的自我感念就與傷害他人的負面行為對立起來，進而產生認知失調；為了避免認知失調的不良感受，你就會為自己的負面行為找一個合理的解釋，使之與你的自我概念一致，比如，你會想：「他讓人討厭！他活該！」

同樣，如果你幫助了某個人，而這個人是你所討厭的，那麼自我概念和自我行為就產生了衝突，而避免認知失調的合理解釋就只能是：「我喜歡他，他很可愛！」由此可見，當他人對你產生了誤會、敵意時，最好的辦法不是躲避也不是辯解，你只需要請求對方幫你一個小忙，他自然就會把你當成朋友看待。

02 想讓別人喜歡你，先要喜歡上對方

很多人抱怨說，某某人莫名其妙的和自己過不去，在街上明明看見了也不打招呼、故意避開，偶爾說話也總是冷冰冰的感覺。這些人恐怕忽略了這樣一個道理：每個人都會本能地喜歡那些喜歡自己的人，而討厭那些討厭自己的人。也就是說，如果有人對你態度不好，也許正是因為你對他的態度不好。因此，想要讓別人喜歡你，你首先要喜歡上對方。

有心理學家曾做過這樣一個實驗：讓被試者「無意中」聽到一個剛與他說過話的夥伴告訴同伴喜歡或不喜歡他。接著，當這些同伴和被試者在一起工作時，被試者的臉部表情會因他們聽到的內容而異。當被試者聽到同伴喜歡他們時，他們會比在聽到同伴不喜歡他們時在非言語表現上更積極。另外，後來的書面評定顯示，被喜歡的被試者比不被喜歡的被試者更多地被同伴吸引。其他的研究也證明了相似的結果：人們對那些他們認為喜歡他們的人更積極，持更

積極的態度，這就是喜歡的互逆現象。

為什麼會喜歡那些喜歡我們的人呢？這是因為喜歡我們的人使我們體驗到了愉快的情緒，一想起他們，就會想起和他們交往時所擁有的快樂，使我們看到他們時，自然就有了好心情。而且，那些喜歡我們的人使我們受尊重的需要得到了滿足。因為他人對自己的喜歡，是對自己的肯定、賞識，表明自己對他人或者對社會是有價值的。

對於喜歡的互逆現象，卡內基很久以前就在著作《如何贏得朋友和影響他人》中提到，人們獲得友誼的最好方式是「熱情友善地稱讚他人」。但是，在我們為贏得他人友誼而不遺餘力地去讚美他人之前，我們需考慮一下情境，有時讚美並不一定能導致喜歡。

喜歡的互逆性規律也有例外發生，其中之一就是當我們懷疑他人說好話是為了他們自己時，別人的讚美並不會導致我們去喜歡他。此外，對那些自我評價很低的人來說，喜歡的互逆性也不會發生。因為他們可能認為喜歡他的人沒有眼光，並且因此而不去喜歡那些人。

在生活中，有很多這樣的情況，就是兩個人的相互喜歡是由一個人對另一個人單方面喜歡開始的。比如一個女孩開始時對一個追求她的男孩並沒有多少好感，但是這個男孩子表現出了對她特別喜歡的態度，使這個女孩久而久之也對這個男孩動心了，最後接受了他的追求。當然，這個規律也不是絕對的。有時我們喜歡某個並不喜歡我們的人，相反，我們不喜歡的人有時卻很喜歡我們。我們只能說在其他一切方面都相同的情況下，人有一種很強的傾向，喜歡那些喜歡我們的人，即使他們的價值觀、人生觀都與我們不同。

03 以低姿態化解別人對你的嫉妒

古有云：「木秀於林，風必摧之」就一般人而言，總是願意大家彼此差不多，你好我也好，否則就會是「槍打出頭鳥」。在日常工作中，因為有特殊才能或特殊貢獻而冒出頭的人，往往容易成為受打擊的對象。誰在哪一方面出人頭地，便會受到人們的攻擊、嘲諷、指責；更有甚者，由於嫉妒心重還可能對你耍弄手段，讓你生活在無形的壓力之下，時時處處都有障礙，讓你人做不好，事幹不成。

拿破崙曾經說：「有才能往往比沒有才能更有危險；人們不可能避免遇到輕蔑，卻更難不變成嫉妒的對象。」真正聰明的人，懂得以低姿態為自己築起一座防止嫉妒的有效堤防，不會讓自己惹火上身。當你一旦發現別人對你有嫉妒心理時，你可以採取以下幾種方法化解：

Chapter 6

以心交心，有效化解他人的敵意

1. 向對方表露自己的不幸或難言之痛

當一個人獲得成功的時候，有人卻可能因此感到自己是個失敗者，是不幸的。這構成了嫉妒心理產生的基本條件。此時，你若向嫉妒者吐露自己往昔的不幸或目前的窘境，就會縮小雙方的差距，並且讓對方的注意力從嫉妒中轉移出來。同時會使對方感受到你的謙虛，減弱了對方因你的成功而產生的恐懼，進而使其心理漸趨平衡。

2. 求助於嫉妒者

一方面，在那些與自己並無重大利害關係的事情上故意退讓或認輸，以此顯示自己也有無能之處；另一方面，在對方擅長的事情上求助於他（她），以此提高對方的自信心和成就感，並讓對方感到：你的成功對他（她）並不是一種威脅。

3. 讚揚嫉妒者身上的優點

你的成功使嫉妒者身上的優點和長處黯然失色，於是，一種自卑感在其內心油然而生，以至於自慚形穢。這是嫉妒心理產生並且惡性發展的又一條件。因此，你適時適度地讚揚嫉妒者身上的優點，就容易使他（她）產生心理上的平衡，感受到「人各有其能，我又何必嫉妒他人呢？」

當然，你對嫉妒者的讚揚必須實事求是，態度要真誠。否則，他（她）會覺得你在幸災樂禍地挖苦自己，結果不但達不到消除其對自己嫉妒的目的，還可能挑起新的戰火。

4. 主動出擊相互接近法

嫉妒常常產生於相互缺乏幫助，彼此又缺少較深感情的人中間。大凡嫉妒心強的人，社交範圍很小，視野不開闊，只做「井底之蛙」，不知天外有天。只有投入到人際關係的海洋裡，才能鈍化自私、狹隘的嫉妒心理，增加容納他人、理解他人的能力。因此，相互主動接近，多加幫助和協作，增進雙方的感情，就會逐漸消除嫉妒。

傲慢不遜的大人物是最令人嫉妒的，試想，如果一個大人物能利用自己的優越地位，來維護他的下屬的利益，那麼他就能築起一道防止嫉妒的有效堤壩。

5. 讓嫉妒者與你分享歡樂

「獨樂樂，與人樂樂，孰樂？」在取得成功和獲得榮譽的時候，你不要冷落了大家，更不要居功自傲，自以為是。

你可以真誠地邀請大家（其中包括嫉妒你的人）一起來分享你的歡樂和榮譽，這樣有助於消除危害彼此關係的緊張空氣。當然，如果嫉妒者拒絕你的善意，則不必勉強於他（她），順其自然。

總之，「退一步海闊天空」，以低姿態，化解別人對你的嫉妒，不僅是一種靈活，更是一種內涵和寬容，它可以消融人和人之間的壁壘，讓你的成就在嫉妒的佈景中得到映襯。能引起別人的嫉妒，說明了你的才華；能有效地化解這種嫉妒，則說明了你的聰明和美德。

04 賣個人情，免得對方「紅眼病」發作

生活和工作中，不少人都有「紅眼病」，見不得別人比自己升遷快、見不得別人比自己掙錢多，於是在背後編造謠言、詆毀別人名譽。說穿了，是因為別人的光環刺痛了自己的眼睛，傷害了自己的虛榮心，因此面對這類人，不妨賣個人情，奉承幾句，抬高對方，讓他心理平衡一些，免得對方「紅眼病」發作。

胡常和翟方進一同研究經書，關係很好。胡常先當了官，而翟方進的名望卻比胡常大。

人們見了胡常，只是客客氣氣地打招呼，但一提起翟方進，就都伸出大拇指說：「人才呀，要人品有人品，要學問有學問！」

時間久了，胡常感到自己總是在翟方進的陰影下面。自己除了比翟方進官大，別的似乎什麼都比不上他。於是他心存不滿，後來竟忍不住說起對方的壞話來了：「他有什麼了不起？不過是一介書生，就會空談！」

這話慢慢就傳到了翟方進的耳中：「胡大人對你頗有不滿，總是貶低你！」

「胡大人就是比我有能力嘛！」翟方進說。

說話的人搖搖頭走開了。以後每到胡常召集門生講解經書的日子，翟方進就讓自己的門生到胡常那裡請教疑難問題，還把他講解的話記錄下來。

一開始，胡常還不以為意，時間長了，他明白了對方有意地在推崇自己，心中感到不安，就不再講翟方進的壞話了。後來，當人們開始稱道起他的學問時，他也在讚揚翟方進了。兩人化干戈為玉帛言歸於好。

胡常心胸狹窄，他當了官，就不能容忍沒當官的朋友比自己強。於是他開始詆毀朋友了。這樣下去，朋友還會是朋友嗎？幸好對方度量大，不但不以為意，反而處處維護他、抬舉他，讓他的心理逐漸平衡，化解了矛盾。

在整個事件中，翟方進知道他和胡常沒有本質上的矛盾，胡常對自己不滿，無非是因為自己名聲比他大。他抓住了事件的要害，在這個節骨眼上迎合了朋友的需求，使得因嫉妒而產生的矛盾迎刃而解。

嫉妒者嫉妒別人往往是因為自己的自尊心沒有得到滿足。如果持寬容的態度，不計言行，主動接近他。甚至在適當的時候，求助於嫉妒者，他會感到你的進步並不會對他造成威脅，成功的你還有求助於他的時候，這使他的自尊心在某種程度上就能得到一定的滿足，妒火的溫度就可能降下來。

05 擁抱你的「敵人」，化被動為主動

人和動物有些方面是不同的，動物的所有行為都依其本性而發，屬於自然反應；但人不同，經過思考，人可以依當時需要，做出各種不同的行為選擇，例如當眾擁抱你的敵人。

在生意場上，當眾擁抱你的敵人，這是件很難做到的事，因為絕大部分人看到「敵人」，都會有滅之而後快的衝動，或環境不允許或沒有能力消滅對方，至少也保持一種冷淡的態度，可見要愛敵人多麼困難。就因為難，所以人的成就才有高下之分、大小之分，也就是說，能當眾擁抱敵人的人，他的成就往往比不能愛敵人的人大。

能當眾擁抱敵人的人實際上是站在主動的地位，採取主動的人是制人而不受制於人的，你採取主動，不只迷惑了對方，使對方搞不清你對他的態度，也迷惑了第三者，使其搞不清楚你和對方到底是敵是友，甚至誤認為你們已化敵

為友。是敵是友，只有你心裡才明白，但你的主動，已使對方處於「接招」、「應戰」的被動態勢。如果對方不能也「愛」你，那麼他將得到一個「沒有器量」的評語，一經比較，二人的分量立即有輕重。所以當眾擁抱你的敵人，除了在某種程度內降低對方對你的敵意外，還可以避免惡化你與對方的關係。

換句話說，在敵友之間留下了一條灰色地帶，免得敵意鮮明反而阻擋了自己的去路與退路，地球是圓的，天涯無處不相逢。此外，你的行為對方失去攻擊你的立場，若他不理你的擁抱而依舊攻擊你，那麼他必招致他人的譴責。所以，競技場上比賽開始前，二人都要握手敬禮或擁抱，比賽後也一樣再來一次，這是最常見的「當眾擁抱你的敵人」。另外，政治人物也慣常這麼做，明明是恨死了的政敵，見了面仍然要握手寒暄……

事實上，要當眾擁抱你的敵人並不如想像中的那麼難，只要你能克服心理障礙，你可以肢體上擁抱敵人，例如擁抱、握手。尤其是握手，這是較普遍的社交動作，你伸出手來，對方縮手的話，那是他的無禮；在言語上擁抱敵人，公開稱讚對方、關心對方，表示你的誠懇，但切忌過火，否則會弄巧成拙。

06 敢於承認錯誤，才能消除誤會和敵意

認錯並非示弱。一個人要承認自己的錯誤是需要勇氣的。人際關係是生活中最難處理的事情，人都免不了有出錯的時候。一旦錯了，就得道歉，只有如此才能避免更大的損失。人非聖賢，孰能無過？很多人卻認為承認錯誤是暴露了自己的缺點和錯誤，尤其在別人面前，是一件有失身分的事情，所以即使犯了錯也不肯承認，遮遮掩掩，甚至在別人當面指出的時候都不肯承認，更不要說道歉了。

有時候明知道是自己的不對，可是礙於所謂的身分或者面子，不肯主動認錯，覺得認錯是沒面子的事情，所以衝突也就無法解決。其實一個人能主動承認錯誤，就是一種勇氣，更是一種能說會道的策略。這不僅有助於解決相關的矛盾，也能取得一定的滿足感。

「對不起」這三個字看來簡單，可是它的效用，不是別的字所能比擬的。

這三個字，能使頑固者點頭，能使怒氣消滅，甚至能化敵為友。與人道歉，要學會把「對不起」這三個字說出口，很多時候，越簡潔的話語就越有分量，這三個字就足以表達你內心所有的歉意，無需再做過多的解釋。「對不起」三個字，意思無非是讓別人占上風，你既然讓他占了上風，他還有什麼更多的要求呢？息事寧人，善莫於此。

你在汽車上踩了別人的腳，說聲「對不起」，被踩的人自然不會計較什麼了。若因為你的過失，使別人吃虧，而你還不承認自己的錯誤，好像別人吃虧是咎由自取似的，這就無法使別人原諒你了。

消除厭惡感，避免傷害對方的感情，最聰明的辦法是：自己謙遜一點。自己有過失的時候立刻道歉，別人會給予寬容。

莎莎在別人家做客時，失手將女主人最喜歡的一個花瓶打碎了，女主人的臉色頓時變得很難看，不過也沒有說什麼。以莎莎的經濟實力賠不起這個花瓶，但是，如果不道歉，以後就無法繼續往來了。

為了表示自己的歉意，莎莎挑選了一張精緻的賀卡，寫上自己的歉意。莎莎將卡片親手交到女主人手裡，並帶了女主人最喜歡的龍井茶葉。女主人見莎莎一片誠心，自然也就不再計較了。

與他人產生不愉快後，及時的、誠心的道歉是消除誤會的最好辦法。你可以不直接說出「對不起」，而是像莎莎這樣用一張卡片或一份小禮物等，都可以表示歉意。最重要的是不要迴避，一開始就要先承認自己的錯誤，而且道歉一定要有誠意。

小雯借朋友的衣服穿，卻不小心疏忽把衣服刮破了，小雯覺得很抱歉，就在還衣服的時候，很誠懇地對朋友說：「對不起，我不小心弄破了妳的衣服，我拿到裁縫店補好了，妳看看。」朋友一看，那衣服補得跟新的一樣，倆人自然重歸於好。

這種正面的直接道歉是最好，也是最佳的方式。假如小雯在還衣服的時候只是說：「衣服破了，我賠錢給妳吧。」對方肯定會婉言謝絕，但心裡絕對會不舒服，覺得小雯的「道歉」只是形式上的，不夠真誠，她們之間自然也就有了隔閡。

就算確有非解釋不可的客觀原因，也必須在誠懇地道歉之後再略為解釋，而不宜一開口就辯解不休。這絕對不是一種聰明的說話方式，因為你對自己的錯誤實際上是抱著抽象否定、具體肯定的態度。這種道歉，不但不利於彌合雙方思想感情上的裂痕，反而會擴大裂痕、加深隔閡。真心實意地認錯、道歉，不要強調客觀原因、做過多的辯解，才是最佳的道歉方式。

卡內基有名的人際關係原則中有一條：如果錯在你，應當立即、斷然地承認。我們要認識到認錯並不會丟面子，也不會說明你能力差，相反，他還能證明你是個有勇氣的人，大家也都會喜歡一個用勇於承認錯誤的人。

07 「背後鞠躬」消除對方的敵意

在人際心理學中，有一種被稱作「背後鞠躬」的勸說術，讓第三者佯作無意地向對方道出你的善意或友好的想法，往往能夠讓彼此不睦的人際關係來個大轉折。

有一次，有人在林肯總統面前搬弄是非說，外交部長愛德溫・斯坦頓曾罵林肯是個該死的傻瓜。誰知，林肯聽了以後不但沒有生氣，反而像閒話家常一般地說：「如果斯坦頓說我是個該死的傻瓜，那麼我很可能真的是，因為他辦事一向都很認真，他說的十有八九都是正確的。」

林肯的這番話很快傳到了斯坦頓的耳朵裡，斯坦頓聽到他人轉述過來的這番話的時候，感動極了。他在第一時間內跑到林肯面前，向林肯表示了自己崇高的敬意。

林肯正是利用了「背後鞠躬」的方法使斯坦頓改變了態度。那麼為什麼「背後鞠躬」能夠取得這樣的效果呢？心理學家認為，與當面表達善意相比，「背後鞠躬」往往能產生更加顯著的效果，主要原因有三方面：

一、人際交往遵循「相悅定律」，即誰喜歡你，你往往就會對誰報以同樣的好感。因此，當你向對方「鞠躬」的時候，往往能夠換回對方的「鞠躬」。

二、採用「背後」的方式，能夠繞過對方的心理防備區。如果你親口向對方表達善意，即使你完全是出於真心的，也很有可能被對方冠以「無事獻殷勤，非奸即盜」之名，進而對你所表達的善意產生排斥，甚至加重心理防備，使得你的善意完全失去效用。

相反，如果資訊是從第三者口中獲得的，對方就不會懷疑其可信程度，因為對方會想：「什麼好處也撈不著，他沒有必要對我說謊。」因此，借由第三者向對方傳遞善意，能夠使你的誠意顯得更加真切、可信。

三、防止對方的負面自我概念產生消極作用。在人際交往中，很有可能，對方對你的敵意是出自於對你的羨慕或者嫉妒。在這種情況下，對方對自己的自我概念持負面態度，即認為自我形象不好、不值得他人喜愛。如果對方有這樣一種心理，那麼當你向對方說「你很好，我喜歡你」，對方很有可能認為你在消遣他，進而使關係更加惡劣。

此外，心理學家還指出，當人具有正面或中性的自我概念時，會對他人的善意報以同樣的善意。然而，當人具有負面自我概念時，「相悅定律」的效果會大大降低。

採用第三者轉述的方式，就能夠穿過對方的這兩個消極關卡。因為，他面對的對象是第三者，而他在第三者面前是不會有負面自我概念的。

在生活中，如果對方的敵意不是源於彼此間的利害得失，那麼，「背後鞠躬」策略通常能有效化解對方的敵意。總之，如果對方是因為討厭你才敵對你，又或者是因為嫉妒你才敵視你，那麼，借第三者的口傳遞「喜愛、友善」的資訊，告訴對方你「欽佩他、羨慕他、尊敬他」，往往能夠給彼此的關係帶來轉機，有效地化解對方的敵意，其效果定能讓你大吃一驚。

08 製造強大的敵人，引起同仇敵愾

在生活中，應坦誠待人，不可鉤心鬥角。但是，有的時候，還是需要講究一些策略，比如，要爭取某人的支持，就可以把雙方的共同點擴大，找到共同的利益，樹立共同的敵人，使對方與自己「同仇敵愾」，這種方法在要維護自己的合法、合理權益，而自己又勢單力薄時是有效也有必要的。

如果雙方為一點問題爭得不可開交，就可以製造一個強大的共同敵人，引起同仇敵愾，進而轉移對方的注意力，有助於雙方「化敵為友」，達成共識。這樣才能通力合作，促進彼此共同發展。

春秋時，吳國和越國是敵國，經常交戰。一天，十幾個吳人和越人碰巧同搭了一艘渡船，但都互不答理。

不料，船到江心時，天色驟變、狂風頓起、暴雨如注，巨浪洶湧而來，渡船劇烈地顛簸著，吳國的兩個孩子嚇得哇哇大哭，越國的一個老人跌倒在船艙

裡。老艄公一面竭力掌好船舵，一面讓大家速進船艙。另兩名年輕的船工，馬上奔向桅杆解繩索，想把篷帆解下來，可是一時又解不開。但如果不趕快解開繩索把帆降下來，船就可能翻掉。在這千鈞一髮之際，乘客們都爭先恐後地衝向桅杆去解繩索，此時也不分誰是吳人誰是越人了。他們那麼默契，配合得就像左右手。

過了一會兒，渡船上的篷帆終於被降下來了，船顛簸得也不那麼厲害了。老艄公望著風雨同舟、共渡危難的人們，歎道：「吳、越兩國如果能永遠和睦相處，該有多好啊！」

這個故事講的就是《孫子兵法》中「吳越同舟」這個成語的來歷。本來素有恩怨的吳越兩國人，在面臨更大的敵人，即暴風雨的襲擊時，結果為了共同的利益而同心協力、合作默契。

由此可見，即使是敵對的雙方，當面臨更大的敵人時，雙方也會消除恩怨，同仇敵愾。這種心理真的很微妙，為此，心理學家曾做過一個實驗來加以證明：

三個人為一組做簡單的「撞球遊戲」，誰最後被淘汰，誰就是獲勝者。顯然，這三個人分別構成了敵對關係。結果顯示，如果在比賽中，有一個人遙遙領先，那麼其他兩個人就會聯合起來，共同阻撓領先者得分。

瞭解了人們所普遍存在的這種心理，善加利用，就有可能解除對立者之間的警戒狀態，讓對方與自己達成一致，獲得共贏。例如，具有同等競爭力的中小企業，彼此間難免存在矛盾，進而產生糾紛，甚至會演變到水火不容的地步。這時，如果讓對方意識到，如果繼續敵對下去，會讓某公司，尤其是大公司坐享漁翁之利。這樣，對方就會產生危機感，不敢再「自相殘殺」，讓共同的敵人獲益。而原先的那種敵對情緒也就大大減弱了，彼此間的關係也就更加和諧，進而「化敵為友」，積極解決問題，盡可能實現共贏。

其實，「共同的敵人」也未必真的存在，有些時候，可以故意製作一個「假想敵」，甚至可以演「雙簧」，一個扮「白臉」，一個扮「黑臉」。當然，這必須配合得天衣無縫，否則會弄巧成拙，使對方產生反感。

此外，還有一種情況，就是：「共同的敵人」是存在的，但是又不知道具體是哪一個。在這種情況下，仍需要雙方的通力合作。例如，在全球的飲料市場上，可口可樂和百事可樂是前兩強，沒有哪個品牌能夠擠進去。這就在於可口可樂和百事可樂這兩個「夙敵」的默契配合，他們看不到具體的「共同的敵人」，但是他們在激烈的市場競爭中存在著無數的敵人。所以，無論兩個「夙敵」如何激烈地競爭，都不靠打「價格戰」來攻擊對方，只要防住協力廠商，他們的市場份額就可以繼續維持了，利潤也就得到了保證。

09 為對手叫好，打開彼此的死結

漫漫人生路，退一步、等一等，不過是歇歇腳，為走得更遠做準備；低一低頭，更是為了昂揚成擎天柱。能為對手叫好，才有機會將其利用。

我們在與人初次見面時都會很客氣，也能做到欣賞別人且謙讓付出。可是時間長了互相瞭解後就相處不好了，不願為對方付出，甚至斤斤計較或詆毀起來。成功的處世是與人相處得越久越顯示出自己對人的友好，越要懂得欣賞對手，為他叫好。因為與人相處久了，產生一種視對方為工作和生活中的競爭對手的心理，以致處處戒備和設防，對人的笑容減少了，客氣話也少了，反而挖苦與諷刺的話多了。當我們自己取得成功的時候總是興奮不已，希望有人為自己鼓掌。可是當身邊人，包括你的「假想敵」、你的對手取得成功的時候，你該怎樣去面對呢？是嫉妒還是欣賞？是大聲叫好還是不屑一顧？尤其是你平日與他相處得很緊張、很不快樂的人成功了，這時候，你為他鼓掌，會化解對方對你的不滿和成見，改變他對你的態度，打開你們之間的死結。

黎元洪清末在湖北時，一直位於張彪之下。張彪是張之洞的心腹，娶了一個張之洞心愛的婢女，人稱「ㄚ姑爺」。但張彪嫉賢妒能，對黎元洪十分反感，加之當時報紙亦讚揚黎元洪而貶低張彪，張彪心懷不滿，常在張之洞面前進讒言，詆毀黎元洪。張彪在進讒言的同時，還以上級的職位，百般羞辱黎元洪，想讓黎元洪不能忍受恥辱而離開軍隊。張彪的手法非常惡劣，曾經在軍中將黎元洪罰跪，並當著士卒的面，將黎的帽子扔在地上。

黎元洪忍受著百般欺辱，不動聲色，臉上毫無怒容，張彪也對他無可奈何。然而，黎元洪亦非甘為人下者。他明知張彪欺侮自己，卻不與之爭鋒，而是「平斂鋒芒，海涵自負，絕不自顯頭角，以防異己者攻己之隙」。張之洞任命張彪為鎮統制官，但軍事編制和部署訓練卻要黎元洪協助張彪。張彪不懂軍事，黎元洪嘔心瀝血，為之訓練。成軍之日，張之洞前往檢查，見頗有條理，就當面稱讚黎元洪，黎元洪卻稱謝說：「凡此皆張統制之部署，某不過執鞭隨其後耳，何功之有？」張彪聽了黎元洪這話，心中十分感激，二人關係逐漸融洽。

一九〇七年九月，張之洞任軍機大臣，東三省將軍趙爾巽補授湖廣總督。

趙爾巽看不起張彪，要以黎元洪取代張彪，黎元洪堅辭不肯。同時，黎又面見張彪，告之此事，建議他致電張之洞，讓張之洞為其設法渡過難關。張彪一聽，心中大驚，立即讓其夫人進京活動，張之洞來函，才保全了他的職位。張彪對黎元洪十分感激，張之洞亦認為黎元洪頗有誠心。

張之洞很看重黎元洪的「篤厚」，歎謂：「黎元洪恭慎，可任大事。」實際上，黎元洪心裡清楚，雖然張之洞已離開了湖北，但在北京當軍機大臣，仍可影響到湖廣總督的態度，如果黎元洪在張之洞離鄂之後，即取其寵將職位以自代，不但有忘恩負義的嫌疑，甚至會影響自己的前途。更為重要的是，黎元洪透過「忍」以及幫助張彪，使張彪改變了對自己的態度，這樣，等於在湖北又添一個助手，有利於增強自己的實力，在關鍵時刻能夠幫自己的忙。一九一一年十月上旬，瑞平出任湖廣總督，對黎元洪極不信任，但此時黎元洪與張彪關係早已改善，因此並未影響到黎元洪的官職。

在職場中與同事相處，為他人多鼓掌，這種付出不會讓你有什麼損失，反而能給你帶來很大的利益。處世要成功，就要懂得為對手叫好，這樣對手也會為你所用。

Chapter 7

巧妙迎合，拉近彼此距離

01 馬斯洛效應：任何人都需要尊重和讚美

一九四三年，美國心理學家馬斯洛發表了《人類動機的理論》一書，提出了著名的「馬斯洛需求」理論，他認為，人類的需求從低到高分為五個層次，最基本的需求是生理需求，即溫飽和安全感，在滿足了生理需求之後，就會追求被愛、被尊重以及自我價值的實現等高層次的需求。既然人人都需要、都渴望被讚美，那麼在與人交往的過程中，我們就應適當地迎合他人的這種心理需求，多給人一些讚美和肯定，能夠自然而然地拉近人與人之間的距離，使得彼此的關係更加和諧。

卡內基在紐約的一家郵局寄信，發現那位管掛號信的職員對自己的工作很不耐煩。於是他暗暗地對自己說：「卡內基，你要使這位仁兄開心起來，讓他馬上喜歡你。」同時，他又提醒自己：要他馬上喜歡我，必須說些關於他的好聽的話。而他，有什麼值得我欣賞的呢？非常幸運，他很快就找到了。

輪到他秤卡內基的信件時，卡內基看著他，很誠懇地對他說：「你的頭髮真是漂亮。」他抬起頭來，有點驚訝，臉上露出了無法掩飾的微笑。他謙虛地說：「哪裡，不如從前了。」卡內基對他說：「這是真的，簡直像是年輕人的頭髮一樣！」他高興極了。於是，他們愉快地交談了起來。

當卡內基離開時，他對卡內基說的最後一句話是：「許多人都問我究竟用了什麼祕方，其實它是天生的。」卡內基想：這位朋友當天走起路來一定是飄飄欲仙的。晚上他一定會跟太太詳細地述說這件事，同時還會對著鏡子仔細端詳一番。

可見，原本素不相識的兩個陌生人，只因為一句真誠的讚美，立刻像好朋友一樣攀談起來，想必卡內基先生下次再到這家郵局寄信時，一定會得到非常好的服務。其實，不僅是陌生人之間，相識的朋友同樣希望得到你的讚美，此外，無論是不起眼的郵遞員還是身分顯赫的大人物，都一樣渴望得到讚美。

法國總統戴高樂在訪問美國時，在一次尼克森為他舉行的宴會上，尼克森夫人費了很大的勁佈置了一個美觀的鮮花展臺：在一張馬蹄形的桌子中央，鮮豔奪目的熱帶鮮花襯托著一個精緻的噴泉。

精明的戴高樂將軍一眼就看出這是女主人為了歡迎他而精心設計製作的，不禁脫口稱讚道：「女主人為舉行一次正式的宴會一定花了很多時間來進行這麼漂亮、雅致的計畫與佈置吧！」尼克森夫人聽了，十分高興。事後她說：「大多數來訪的大人物要麼不加注意，要麼不屑為此向女主人道謝，而他總是想到和講到別人。」

面對尼克森夫人精心佈置的鮮花展臺，戴高樂沒有像其他大人物那樣視而不見或見而不睬，而是即刻領悟到了對方在此花費的苦心，並對這一片苦心表示了特別的肯定與感謝。戴高樂讚美的言語雖然簡短，但很顯然，尼克森夫人獲得了深深的感動。

心理學家赫洛克曾做過一個十分有意義的實驗：他把一〇六名能力相等的被試者分為四組，第一組為表揚組，每次練習後都給予表揚和激勵；第二組為受批評組，每次練習後都嚴加訓斥；第三組為受忽視組，每次練習後基本不予評價，只是在一旁靜聽前兩組所受到的批評與表揚；第四組為控制組，既不給予任何表揚與評價，也不讓他們聽到前兩組的表揚與批評。然後讓被試者做一組難度相等的練習題，每天做十五分鐘，共做五天。之後分別檢測四組被試者的學習效果，結果發現受表揚組的被試者學習成績明顯高於其他組，其次是受批評的，再次是被忽視的，最差的是被控制組。

然而，大多數人在生活中常常吝嗇自己的讚美，因為周圍的人對大家來說，太熟悉了。要麼，就是區區小事，不足掛齒，不用說什麼；要麼，就是熟視無睹。我們每天走在乾乾淨淨的人行道去上班，都覺得無所謂，但髒了就罵清潔工。父母為你嘔心瀝血，碾平了生活道路上的坎坷，我們卻只知衣來伸手飯來張口，他們在你眼裡是「隱形人」。同事、親戚、朋友時時都在關照你，你卻受之泰然。美國著名心理學家威廉・詹姆斯說：「人類本性上最深的企圖之一是期望被讚美、欽佩、尊重。」希望得到尊重和讚美，是人們內心深處的一種願望。我們在讚美、鼓勵別人的同時，也會改善自己與周圍的關係，豐富自己的生存智慧。如果，我們能夠用真誠的心去讚美家人、同事、朋友，讚美我們身邊的每一個人，一定能夠得到更多人的喜歡和支援。

02 用恰如其分的場面話讚美對方

在人的一生中，有無數讓他們引以為豪的事情，這些都是一個人人生的閃光點。這些東西又會不經意地在他們的言談中流露出來，例如，「想當年，我當兵那個時候……」、「我年輕的時候……」，等等。對於這些引以為榮的事情，他們不僅常常掛在嘴邊，而且深深地渴望能夠得到別人由衷的肯定與讚美。抓住他人最勝過於別人的，最引以為豪的東西，用恰如其分的場面話進行讚美，往往能起到出乎意料的效果。

每個人都有希望，年輕人寄希望於自身，老年人寄希望於子孫。年輕人自以為前途無量，你如果舉出幾點，證明他的將來大有成就，他一定會十分高興，引你為知己；你如說他父親如何了不得，他未必感興趣，最多你說明他是將門之子了，把他與他的父親一齊稱讚，才對他的胃口。

但是老年人則不然，他自己歷盡滄桑，幾十年的光陰，並未達到預期的目的，他對自己不再十分相信，不再有十分希望，他所希望的，是他的子孫。你如果說他的兒子，無論學問能力，都勝過他，真是個可造之才，雖然你是抑父揚子，當面批評他，他不但不會怪你，而且會十分感激你，口頭上雖連連表示不敢當，內心裡卻認為你是慧眼識英雄。可見說恭維話時對於對方的年齡，應該要特別注意。

對年輕人不妨語氣稍為誇張地讚揚他的創造才能和開拓精神，並舉出幾點實例證明他的確能夠前程似錦；對於經商的人，可稱讚他頭腦靈活，生財有道；對於有地位的幹部，可稱讚他為國為民，廉潔清正；對於知識份子，可稱讚他知識淵博、寧靜淡泊……當然這一切要依據事實，切不可虛誇。

在讚美別人的時候一定要情真意切，雖然人人都喜歡聽讚美的話，但並非任何讚美都能使對方高興。虛假的讚美會引起別人的反感。例如，當你見到一位其貌不揚的小姐，卻偏要對她說：「妳真是美極了。」對方立刻就會認定你所說的是虛偽之至的違心之言。但如果你著眼於她的服飾、談吐、舉止，發現她這些方面的出眾之處並真誠地讚美，她就一定會高興地接受。

讚美別人時不妨採取翔實具體方法。在日常生活中，人們有非常顯著成績的時候並不多見，更多時候人們都是默默無聞的平凡人。因此，交往中應儘量從具體的事件入手，善於發現別人哪怕是最微小的長處，並不失時機地予以讚美。

讚美用語愈詳實具體，說明你對對方愈瞭解，對他的長處和成績愈看重。讓對方感到你的真摯、親切和可信，你們之間的人際距離就會越來越近。如果你只是含糊其辭地讚美對方，說一些「你工作得非常出色」或者「你是一位卓越的領導者」等空泛飄浮的話語，就可能會引起對方的猜疑，甚至產生不必要的誤解和信任危機。

到別人家裡與其亂捧一場不如讚美房間佈置得別出心裁，或欣賞牆上的一幅好畫，或驚歎一個盆景的精巧。如果主人愛狗，你應該讚美他養的一隻狗；如主人養了許多金魚，你應該欣賞那些金魚。讚美別人的工作成績、最心愛的寵物、最費心血的設計，比說上許多無謂空泛的客氣話要好得多。

讚美要合乎時宜。讚美的效果在於見機行事、適可而止，真正做到「美酒飲到微醉後，好花看到半開時」。讚美、恭維的話人人都愛聽，但「真理向前跨越一步就是謬誤」，這樣你才能有影響力。適度的恭維，會使人心情舒暢；反之，則使人十分尷尬。為了使讚美和恭維達到應有的而不是相反的效果，合理掌握「適度」的讚美就成為讚美者們必須重視的問題。讚美和恭維一定要在適合的時機說，看要看清對象是一個什麼樣的人，如果對方是不苟言笑的人，那麼就要注意自己的措辭。

最後要說，錦上添花固然好，雪中送炭更可貴。一位下屬住院了，上司親自去探望時，說了這樣一番話：「平時你在的時候感覺不出來你做了多少貢獻，現在沒有你在工作崗位上，就覺得工作沒了頭緒、慌了手腳，你可一定要安心把病養好啊！」你把下屬當成左膀右臂，讓他也認為自己很重要，這樣讚美別人又怎麼會不深得人心呢？

俗話說：「患難見真情。」最需要讚美的不是那些早已功成名就的人，而是那些因被埋沒而產生自卑感或身處逆境的人。他們平時很難聽到讚美的話語，一旦被人當眾真誠地讚美，便有可能振作精神，大展宏圖。因此，最有實效的讚美不是「錦上添花」，而是「雪中送炭」。

03 讚別人沒讚過的美，出其不意更動聽

每個人都希望自己有更多的優點被別人讚美，因此要想你的讚美討人喜歡，就不要跟在別人後面人云亦云，而是竭力去挖掘別人一些不為人知的優點，表現其讚美的獨特性，讓人得到一些新的刺激，這樣效果反而更好。

比如對一個健美冠軍，不要去讚美其長得真健壯、真美，因為可能電視、廣播、報紙都已介紹過了，而且電臺、廣播、報紙的讚美不比我們的讚美更讓人激動嗎？此時，應該挖掘對方的不明顯的優點去加以讚美，比如讚美其烹調手藝等。

學會尋找和發現別人與眾不同的成績和長處，你的讚美也要巧妙地與眾不同；經常既恰到好處又實事求是地讚美別人，別人就喜歡你，你就容易得人心，同時也是你對自己的認可。

因為拍了《真善美》而紅遍天下的影星茱莉・安德魯絲，除了演技好、容

貌美、歌聲令人陶醉之外，還有一張伶俐的嘴。

有一天，她去聆聽鼎鼎大名的指揮家托斯卡尼尼的音樂會，在音樂會結束之後，她和一些政要名流一起來到後臺，向大指揮家恭賀演出的成功。

大家都誇獎指揮家：「指揮得實在是棒極了！」「抓住了名曲的神韻！」「超水準的演出！」大指揮家一一答謝，由於疲累，而且這種話實在是聽得太多了，所以臉上顯出有些敷衍的表情。忽然，他聽到一個高雅溫柔的聲音對他說：「你真帥！」抬頭一看，是茱莉・安德魯絲。大指揮家眼睛亮了起來，精神抖擻地向這位美麗的女士道謝。

事後，托斯卡尼尼高興地到處對人說：「她沒說我指揮得好，她說我很帥呢！」恐怕這位大指揮家還是頭一回聽到有人讚美他帥！就這樣，大指揮家把茱莉當成了摯友，時常去為她捧場。雖然只是一次見面，大指揮家就時常抱怨與她「相見恨晚」。

真正高明的讚美表現為獨具慧眼。獨具慧眼的讚美者善於發現被讚美者別人發現不到的優點、長處。比如，面對一幅油畫作品，幾乎所有的人都異口同聲地歎道：「真是太絕了！」「我就算再練十年恐怕也趕不上！」油畫家對這樣的恭維早就習以為常了。唯獨有一個人細心，發現了與眾不同之處，慢慢地說道：「常言說，畫如其人。您的畫運筆沉穩，是和您剛正不阿的秉性、對人生與社會的深刻思考分不開的。這是您跟一般畫家最大的不同點，也是最大的優點。」談畫論人，在行在理，獨闢蹊徑，巧妙換了個新角度，令人耳目一新。他的讚美與眾不同，技高一籌，非常討畫家喜歡。

此外，我們可能都有過這樣的體驗。當你誇獎朋友取得的成績時，他會說：「你不知道我付出了多少心血！」言語間彷彿有你不知其艱辛、看結果不看過程的意思。相反，如果你說：「真不錯，一定花了你許多的心血吧！」他就會覺得心裡舒服，認為你很瞭解他。可見，誇獎勞動的付出是必不可少的，甚至效果更佳。其實，很多人做事並不僅僅在乎結果，更注重過程。如果你人云亦云地誇獎他取得的成果，不但有勢利之嫌，還會讓人這樣想：「如果我失敗了呢？」因而也許對你心生厭惡也未可知。由此可見，讚美不是一味地奉承說好話，每個人都希望受到別人的關注，我們要學會發現別人身上隱藏的閃光點，搔到對方的「癢」處，把讚美的話說到點子上，才能達到最好的效果，如果人云亦云，在對方看來既乏味又粗糙，反而令人生厭。

04 背後讚美別人，更能讓人開心

人人都愛聽好話、戴高帽，但好聽的話、讚美的話也不定要當著別人的面說，當面讚美別人，雖然也能拉近彼此的距離，但是難免帶上一點恭維的成分，沾上奉承的色彩。但是，背後讚美別人就沒有這些弊端，向第三人間接地讚美別人，通常會被認為是發自內心的，是誠懇的，因此更容易讓人相信和接受。背後讚美就是透過第三者在無意間轉述自己對他人的好感或者讚美，或者透過創造某種特定的環境條件，讓對方聽到自己對他的評價。

《紅樓夢》中有這麼一段：史湘雲、薛寶釵勸賈寶玉做官，賈寶玉大為反感，對著史湘雲和襲人讚美林黛玉說：「林姑娘從來沒有說過這些混帳話！要是她說這些混帳話，我早和她生分了。」

湊巧這時黛玉正來到窗外，無意中聽見賈寶玉說自己的好話，「不覺又驚又喜，又悲又歎」。結果寶、黛兩人互訴肺腑，感情大增。因為在林黛玉看來，寶玉在湘雲、寶釵、自己三人中只讚美自己，而且不知道自己會聽到，這種好話就不但是難得的，還是無意的。倘若寶玉當著黛玉的面說這番話，好猜疑、小性子的黛玉恐怕會說寶玉取笑她或想討好她。

可見，背後讚美比直接讚美更明智，更容易打動對方。在背後說一個人的好話比當面恭維說好話要好得多，你不用擔心他不知道，你在背後說他的好話，很容易就會傳到他的耳朵裡。

一位妻子就非常懂得使用背後讚美的方法，讓丈夫對她百依百順、言聽計從。她結婚後，閨中密友經常打電話和她聊天，每當別人問道：「妳現在還好吧？」她總是一臉幸福地笑著說：「他對我很好，只要我哪兒不舒服，他就叮囑我吃藥、喝水……他很會做飯，他做的水煮魚好香好香……我工作忙的時候，他就收拾家務，比我打理得還好……」在她這樣說的時候，她的丈夫一定就在她附近不遠的地方，看起來似乎在忙著自己的事情，但其實正豎著耳朵聽，心裡高興得不得了。其實，一開始他只會炒番茄雞蛋，收拾屋子也是偶爾為之。沒想到，聽到妻子在別人面前這樣誇他，他就有了勁頭去做，後來成了一個「模範丈夫」。

從心理學的角度說，當一個人發現別人對他的印象和評價與他自己期望的不一樣，他就會自覺地調整和修飾自己的言行，以期符合別人對自己的看法。這位妻子深深懂得背後讚美的奧妙，輕鬆地把一個原本不出色的男人變成了模範丈夫。

背後說人壞話是令人討厭的，一方面是背後說壞話，會有中傷別人的感覺；另一方面，人們會覺得背後的評價更能體現那個人內心的真實想法。同理，當他知道一個人在背後讚美自己的時候，他也會感覺你真的是這樣想的，會更加高興。

不要擔心你在別人面前說另一個人好話，那些好話當事者不會聽見，這世界沒有不透風的牆，就算讚美傳不到他本人耳朵裡，別人也會因為你在背後誇獎他人而更加敬重你。

05 故作不識讚揚對方，更能讓人開心

人人都懂得要時常讚美別人，但很少有人懂得讚美的藝術，恰如其分的讚美只是基本要求，讚美他人不露痕跡才是真功夫。在某些特定的情況下，故作不識讚美對方便是一種巧妙的方法。

古時候，一個叫彭玉麟的官員，有一次路過一條狹窄的小巷。一個女子正在用竹竿晾曬衣服，一不小心竹竿掉了下來，正好打在彭玉麟的頭上。彭勃然大怒，指著女子破口大罵起來。那女子一看，認出是當地武將彭玉麟，不禁冷汗直冒。但她猛然間急中生智，便正色道：「你這副腔調，像行伍裡的人，這樣蠻橫無理。你可知彭宮保就在我們此地！他清廉正直，愛民如子，如果我去告訴他老人家，怕要砍了你的腦袋呢！」

彭玉麟一聽這女子誇讚自己，不禁高興起來，而且又意識到自己的失態，馬上心平氣和地走了。

曬衣女子失手掉落竹竿，打在彭玉麟頭上，可謂無意卻很湊巧。所幸曬衣女，急中生智，採用美譽推崇的方式來把他誇獎一番。她裝作不知道對方是誰反而斥責對方蠻橫無理，並且誇彭玉麟清廉正直，說向彭告狀會治他的罪。這並非「當面」誇獎，卻勝過當面誇獎，說得彭玉麟心裡美滋滋的：自己在民間居然有這麼好的吏治聲譽，絕不應該為這些許小事而損害形象。他翻然醒悟之後，便轉怒為笑，一場眼看就要降臨的災禍就這樣巧妙地化解了。

曬衣女子的這一招的確高明，一頂恰到好處的高帽往往能澆滅對方的怒火。因為維護自己在別人心目中的好形象是每個人本能的選擇，在一番恭維話面前，誰還有心情去生氣呢？

人們都希望自己在別人心目中能有好的名聲，又經常不敢相信別人當面的誇讚，害怕這種誇讚是逢場作戲，而在私下裡頗有微詞。這時一種特殊的「拍馬屁」手段就派上用場了，這就是「故作不識誇對方」。像上面例子中的女子，就很好地用了這種方法，讓彭玉麟高興的同時，也給自己免了災難。

據說當年康熙皇帝微服私訪，到了太原地界，找一個客店住了下來。店家開始看他也就只是一個財主，讀過一些書，帶著兩個僕人來這裡辦事，所以也就沒有特別地關照。誰知當天晚上，店家睡覺之前上茅廁，路過這個「財主」的房門時，聽到裡面說道：「把朕的御扇拿來，這裡真是太熱了。」

這店家也是讀過幾天書的，他心裡想：「朕、御扇，這不是皇帝才能用的嗎？難道這位客官真的是當今皇上？」想到這裡，他不禁嚇出了一身冷汗。

第二天康熙很早就起床活動身體了，待到走出屋門一看，見大門大敞著，過了一會兒，店家睡眼惺忪地從他的房裡出來了，見到康熙忙作揖道：「客官，起這麼早啊？」

康熙很納悶：「店家，我還以為你這麼早就出去了呢，原來才起床啊。那你這院門怎麼不關？不怕晚上遭賊嗎？」

店家聽了呵呵笑道：「客官，當今皇帝治理國家有聲有色，我們小民有什麼小冤屈，他老人家聽說了都要親自過問呢。尤其派到太原來的知府大人，更是沒得說，沒兩年把這裡治理得夜不閉戶、路不拾遺。我這客店的門現在是愛關不關，就是忘了，讓它大敞著一宿，也不會有事的。」

康熙非常高興，等到回宮之後，馬上傳旨嘉獎山西巡撫和太原知府，還賞了那個店家白銀五千兩。

康熙是中國歷史上少有的賢明皇帝，連他對自己的天下都沒有那麼自信，因此要微服私訪來看看這天下到底是怎麼樣的。店家就是利用了他微服私訪這個特點，假裝不認識他，然後對他治理天下的成就大大讚揚了一把，讓皇帝歡喜。

因為「不認識」，所以再多的恭維話也不會像是溜鬚拍馬，反而顯得更加真實和自然，被讚美的一方也不會覺得難為情，只會在心裡暗自高興，這一點，與背後讚美別人有異曲同工之妙，不同的是，故作不識讚美對方，能夠造成一種對方的美名遠播的印象，就連素昧平生的陌生人都知道他的美名，這便是最大的恭維了，比之於背後讚美別人又更進一步。當然，「故作不識誇對方」，關鍵還是「不識」，如果對方明明知道你認識他，就更像是溜鬚拍馬了。

06 適時地貶低自己，將對方「捧殺」

語言美在於含蓄婉轉，很多時候不便於直截了當地讚美別人，在這種情況下，不妨換種方式來表達，效果是同等的，甚至會超過所期望的效果。這個訣竅就是適當地貶低自己。適當地貶低自己，也就相對地捧高了對方。即使是不善言辭、不善於稱讚的認，也能輕而易舉地使用這種方法，達到捧高他人的目的。

比如，當我們參加某店鋪開張的慶祝會時，即使那是一家不怎麼樣的店鋪，我們也要依場合不同來為慶祝增添一些喜氣。我們可以貶低自己，捧高對方，例如說：「這店鋪看起來真不錯，室內的裝潢也很考究。不像我經營的那家店，門沒做好，窗戶也是一大一小的。」這樣將對方和自己作具體的比較，並有技巧地批評自己略遜一籌，對方將因被人高抬而喚起優越感，心中的舒坦自是不言而喻。相反的，如果以輕視的口吻對主人說：「店鋪的櫃檯再寬一點會比較好，你們下次整修時，可要記住啊！」對方在慶祝會上聽到這樣毫不客氣的批評，一定會大感不快，從此對你產生敵意，這就是不諳人情世故所要承受的惡果。

在某些情況下，貶低自己來捧對方，不只是為了抬高他人，也是低調做人的方式。當對方聽你說「我前天做了一件丟臉的事情」時，想必他會浮現出微笑，並心情輕鬆地聽你繼續說下去。因為炫耀自己會引起他人的反感；而談及自己的失敗經驗，不但會增強對方的自尊心，更能因此打開對方的心扉，讓他坦然地接受你。

適當地運用這種方法，可以避免在一些場合下過分鋒芒畢露，進而給自己帶來不必要的麻煩。低調做人，低姿態處世，在某些情況下適當地貶低自己，這才是明智之舉。

07 借他人名義，讓你的「捧」更受寵

俗話說：「霧裡看花花更美。」讚美之詞未必要從你嘴裡說出來。可以以第三者的名義。

比如，若當著面直接對對方說「你看來還那麼年輕」之類的話，不免有點恭維、奉承之嫌。如果換個方法說：「你真是漂亮，難怪某某一直說你看起來總是那麼年輕！」可想而知，對方必然會很高興，而且沒有阿諛之嫌。

在一般人的觀念中，總認為「第三者」所說的話是比較公正的、實在的。因此，以「第三者」的口吻來讚美，更能得到對方的好感和信任。

一九七七年，金庸與日本文化名人池田大作展開一次對談，對談的內容後來輯錄成書出版。

在對談剛開始時，金庸表示了謙虛的態度，說：「我雖然過去與會長（指池田）對談過世界知名人士不是同一個水準，但我很高興盡我所能與會長對話。」

池田大作聽完趕緊說：「你太謙虛了，您的謙虛讓我深感先生的『大人之風』。在您的七十二年人生中，這種『大人之風』是一以貫之的，您的每一個腳印都值得我們銘記和追念。」

池田說著請金庸用茶，然後又接著說：「正如大家所說『有中國人之處，必有金庸之作』，先生享有如此盛名，足見您當之無愧是中國文學的巨匠，是處於亞洲巔峰的文豪。而且您又是世界『繁榮與和平』的香港輿論界的旗手，正是名副其實的『筆的戰士』。《春秋‧左傳》有云：『太上有立德，其次有立功，其次有立言，是之謂三不朽。』在我看來，只有先生您所構建過的眾多精神之價值才是真正屬於『不朽』的。」

在這裡池田大作主要採用了「借用他人之口予以評價」的讚美方式，無論是「有中國人之處，必有金庸之作」，還是「筆的戰士」、「太上……三不朽」等，都是輿論界或經典著作中的言論，借助這些言論來讚美金庸，既不失公允，又能恰到好處地給對方以滿足。

假借別人之口來讚美一個人，可以避免因直接恭維對方而導致的吹捧之嫌，還可以讓對方感覺到他所擁有的讚美者為數眾多，進而心裡獲得極大的滿足。

在生活中，要善於借用他人，特別是權威人士的言論來讚美對方，借此達到間接讚美他人的目的。權威人士的評價往往最具說服力，因此引用權威言論來讚美對方是最讓對方感到驕傲與自豪的，如果沒有權威人士的言論可以借用，借用他人的言論也會收到不錯的效果。

08 捧人要高低要適度

捧人如果掌握不好「捧」的分寸和尺度，膚淺的「捧」會讓人感到乏味與空洞，使被捧者絲毫感覺不到一種榮耀，並會在你的言語中產生一種不安與困惑，進而對雙方交際產生一些不良的後果。而適度的「捧」，可以使被「捧」者迅速產生認同感，進而對你抱以信賴的態度，產生與你積極溝通交流的願望。

整體來說，掌握適度地捧讚他人的藝術，需要我們在生活中多觀察、多總結，只有這樣，才能夠準確恰當地運用它來達到我們與他人溝通的目的。對此，有些必須重視的問題我們萬萬不可忽視：

1.「捧」要得體，不可過於誇張

誇張是語言的一種修辭方法，在捧讚他人時適當地誇張一點能夠有利於表達自己的感情，對方也樂於接受，但過分地誇張就有阿諛奉承、溜須逢迎之嫌，甚至會讓對方懷疑你捧讚他的真實目的。

小董新婚，娶了一個漂亮的妻子，大家都誇他妻子漂亮，小董心裡也很開心。他誇張地對妻子說：「妳真漂亮，自從我娶了妳之後，連電視都不想看了。」電視中美女如雲，不可能個個都比不過他妻子。聽了小董的捧讚，妻子不屑地扔出「虛偽」二字。

誇張總歸是誇張，如果誇張過度，捧讚也就變了味。過分地誇張往往使捧讚脫離了實際情況，讓人感覺到缺乏真誠的東西。再如，對於一般知識份子，你誇他智力超群，獨樹一幟，會令人生厭；對長相醜陋的女性，你誇她美貌過人，她會認為你在諷刺她。

2. 不要濫用吹捧

這裡講的濫用，是指相對時期內對一個對象捧讚的次數。次數太少，起不到應有的作用；次數太多，也會削弱應有的效果。而捧讚的頻率是否適中，是以受捧讚者優良行為的進展程度為尺度的。

如果被捧讚者的優良行為同捧讚的頻率成正比，則說明捧讚的頻率是適度的；如果呈現反比的現象，則說明捧讚的頻率過高，已經到了「濫施」的程度。

3. 不要說外行話

捧讚他人是對他人的認可和肯定。所以在捧讚時，不能說外行話，要慎重選擇捧讚的角度，不要不懂裝懂，落下笑柄。

有個年輕人本不懂詩，但一個偶然的機會，他有幸遇到了一位詩人。年輕人趁機恭維道：「您的詩寫得再好不過了，我讀了好幾遍也沒讀懂。」年輕人是只知其然，而不知其所以然，這位詩人的詩寫得好，但究竟好在哪裡？年輕人就說了外行話，用讀不懂來形容，簡直是在褻瀆詩人的作品。

要想不說外行話，在捧讚時需要注意：

第一，美言適可而止。心裡要謙虛，讚美別人時有所保留，不要打腫臉充胖子，硬裝內行。

第二，多用模糊語言。讚美行家，不要說得過細，因為他比你懂得多。如對書法家，說：「你的字寫得太好了，什麼時候指點指點我？」即可，沒有必要說他的字好在哪裡。

第三，類比熟悉事物。選擇自己熟悉的事物做類比，以免出漏洞。

第四，看得遠一點兒。讚美不僅要符合眼前實際，而且要高瞻遠矚，具有一定的前瞻性和預見性。

還有，某些東西具有相對穩定性，比如人的容貌、性格、習慣等，這方面比較容易捧讚。而有些東西則不穩定，如人的行為、成績、思想、態度等，若從長遠考慮，捧讚時要謹慎。例如，有些人進入公司之前各方面表現都很積極，上司便開始稱讚他：「該員工一直……」有經驗的人就會想，先別誇那個，慢慢看吧。果然，他進公司之後，各方面就開始鬆懈了。

人迫於某種壓力或某種需求，做一件好事很容易，難的是一輩子都做好事。如果捧讚人時僅限於就事論事，極易犯目光短淺的錯誤。

09 用「吹氣球」藝術，把男人捧得乖乖的

捧男人就像吹氣球，吹得太小不好看，吹得太大則會破。因此，捧讚男人並非多多益善，而是要恰到好處。

據說有一個年輕人曾經給恩格斯寫了一封熱情洋溢的信，信中稱讚恩格斯是一位無與倫比的革命導師，一位偉大的思想家，甚至稱其為馬克思的再現等，恩格斯並沒有因為這封信而有絲毫的感動，反而生氣地回信說：「我不是什麼導師、思想家，我的名字叫恩格斯。」恩格斯作為一位傑出的思想家，他不喜歡別人在捧讚他時用似乎有些誇張的詞彙，又因為他和馬克思近幾十年的友誼，他是非常尊敬馬克思的，當然會忌諱別人稱他為「馬克思的再現」。

事實上，要對男人做到褒揚有度是有技巧的。

1. 比較性的讚美

兩個人或兩件事相比較，在誇獎對方的同時，讓他意識到自己的優點和存

在的差距，使對方對你的讚美深信不疑。

有一次，漢高祖劉邦與韓信談論諸將才能高下。劉邦問道：「你看我能指揮多少兵馬？」韓信回答：「陛下至多能指揮十萬兵馬。」劉邦又問：「那你能指揮多少兵馬呢？」韓信自豪地回答：「臣多多益善耳。」劉邦笑道：「既然你帶兵的本領比我大，卻為什麼被我控制呢？」韓信很誠實地說：「陛下不善於指揮兵，但善於駕馭將，這就是我被陛下控制的原因。」

劉邦自己也曾說過，統一指揮百萬軍隊，戰無不勝，攻無不克，他不如韓信。這是他做了皇帝以後對自己的評價。韓信的讚美，首先肯定了劉邦控制大臣為自己效命的能力，但又指明了他在帶兵作戰方面與自己相比有不足之處，正與劉邦的自我評價相吻合。話說得很實在、很坦誠，劉邦不但不怒，反而很滿意。此時，韓信與劉邦關係已很緊張，如果他違心地恭維劉邦調兵遣將無所不能，恐怕劉邦不願意聽，甚至會懷疑他在吹捧、麻痹自己。

2. 根據對方的優缺點提出自己的希望

金無足赤，人無完人。對男人有所保留的捧讚應既看對方的優點和長處，同時又看到他的弱點和不足，講究辯證法。

常言道：「瑕不掩瑜。」指出對方的缺點和不足，並提出一定的希望，不僅不會損害你讚美的力度，相反，能使你的讚美顯得真誠、實在，易於被人接受。尤其是上司稱讚男下屬時，要有一是一，有二是二，掌握分寸，要有所保留。可以多用「比較級」，慎用「最高級」。上司可以在表揚時，把批評和希望提出來。

對男人而言，有效的捧讚不應該總是絕對化。像「最好」、「第一」、「天下無雙」這類的帽子別亂戴。有個企業的廣告詞說：「只有更好，沒有最好。」就顯示了企業的真誠承諾，而不是嘩眾取寵，華而不實，在消費者中影響很好。實際上，一般人都對自己有個客觀的認識和評價，如果你的捧讚毫無遮攔，就會讓人感覺你曲意奉承，難以接受。

所以，捧讚男人時必須記住：一個人的成績和優點畢竟是有限的。許多偉人看自己時，也都是有所保留。因此，捧讚男人，應當一分為二，有成績肯定成績，有不足也要說明不足。

10 捧女人，要能力和優點雙管齊下

讚美女人漂亮、可愛當然可以獲得她們的歡心，但現代社會女性的地位大大提高，女性們也普遍有「我能力很強」的強烈願望。如果能找到她們能力上的優點予以捧讚，她們會非常高興。

小蒙去銀行領錢，人很多，年輕漂亮的女職員忙個不停，有點不耐煩，看起來她心情不是很好。小蒙很想跟她交談，怎麼開口呢？

觀察了一會兒，小蒙發現了女孩的優點。輪到他填取款單時，他邊看她寫字邊稱讚說：「妳的字寫得真漂亮！現在像我們這樣的年輕人，能寫這麼一手好字的人，真的不多了。」

女職員吃驚地抬起頭，聽到顧客的稱讚，她心情好了點，但又不好意思地說：「哪裡哪裡，還差得遠呢！」

小蒙認真地說：「真的很好，看起來妳像練過書法，我說得對嗎？」

「是的。」

「我的字寫得一塌糊塗，能把妳用過的字帖借給我練練字嗎？」

女職員爽快地答應了，並約好了下午到辦公室來取。一來二往，兩人有了感情，並最終結成了良緣。

當然，在捧讚女性有能力的時候，必須是由衷的，有人在捧讚女性能力時往往表現出漫不經心：「妳的文章寫得很好」、「妳這件事辦得不錯」、「妳唱的歌很好聽」……這種缺乏熱誠的空洞的捧讚並不一定能使女性感到高興，有時甚至會因為你的敷衍而引起對方的反感和不滿。

真正聰明的人在捧讚女性能力時，則盡可能熱情些、具體些。比如，上述三種情形，他會分別說：「這篇文章寫得很好，特別是後面的這一問題有新意」，「這件事情辦得不錯，讓我們學了一招」，「妳的歌唱得不錯，不知道的人還以為你是專業歌手哩」。這種充滿了真誠、自然的捧讚，無疑會使女孩子更愉快的接受。

社會大學 35

社交零距離：說話高手實戰手冊

編著：鐘偉誠
出版者：大拓文化事業有限公司
執行編輯：林秀如
封面設計：宋昀儒
內文排版：姚恩涵
總經銷：永續圖書有限公司
劃撥帳號：18669219
地址：22103 新北市汐止區大同路三段一九十四號九樓之一
TEL (〇二)八六四七—三六六三
FAX (〇二)八六四七—三六六〇
E-mail yungjiuh@ms45.hinet.net
網址 www.foreverbooks.com.tw
法律顧問：方圓法律事務所 涂成樞律師
出版日◇二〇二〇年八月

國家圖書館出版品預行編目資料

社交零距離：說話高手實戰手冊 / 鐘偉誠編著.
-- 一版. -- 新北市：大拓文化, 民109.08
面；　公分. -- (社會大學；35)
ISBN 978-986-411-120-6(平裝)
1.說話藝術 2.口才 3.溝通技巧
192.32　　109008150

謝謝您購買 **社交零距離：說話高手實戰手冊** 這本書！

即日起，詳細填寫本卡各欄，對折免貼郵票寄回，我們每月將抽出一百名回函讀者寄出精美禮物，並享有生日當月購書優惠！

想知道更多更即時的消息，歡迎加入“永續圖書粉絲團”

您也可以利用以下傳真或是掃描圖檔寄回本公司信箱，謝謝。

傳真電話：（02）8647-3660　　信箱：yungjiuh@ms45.hinet.net

☺ 姓名：　　□男　□女　　□單身　□已婚

☺ 生日：　　□非會員　　□已是會員

☺ E-Mail：　　電話：（　）

☺ 地址：

☺ 學歷：□高中及以下　□專科或大學　□研究所以上　□其他

☺ 職業：□學生　□資訊　□製造　□行銷　□服務　□金融

□傳播　□公教　□軍警　□自由　□家管　□其他

☺ 您購買此書的原因：□書名　□作者　□內容　□封面　□其他

☺ 您購買此書地點：　　金額：

☺ 建議改進：□內容　□封面　□版面設計　□其他

您的建議：

廣告回信
基隆郵局登記證
基隆廣字第57號

新北市汐止區大同路三段一九四號九樓之一

大拓文化事業有限公司收

請沿此虛線對折免貼郵票，以膠帶黏貼後寄回，謝謝！